国家出版基金项目
NATIONAL PUBLICATION FOUNDATION

漢學東漸叢考

梁盛志◎著

山西出版傳媒集團
山西人民出版社

圖書在版編目(CIP)數據

漢學東漸叢考 / 梁盛志著. —太原 : 山西人民出版社, 2014.12
(近代名家散佚學術著作叢刊 / 許嘉璐主編)
ISBN 978-7-203-08768-7

Ⅰ. ①漢… Ⅱ. ①梁… Ⅲ. ①中日關系—文化交流—文化史 Ⅳ. ①K203

中國版本圖書館CIP數據核字(2014)第234688號

漢學東漸叢考

主　　編　許嘉璐
著　　者　梁盛志
責任編輯　梁晉華

出 版 者　山西出版傳媒集團·山西人民出版社
地　　址　太原市建設南路21號
郵　　編　030012
發行營銷　0351-4922220　4955996　4956039
　　　　　0351-4922127(傳真)　4956038(郵購)
E-mail　sxskcb@163.com　發行部
　　　　　sxskcb@126.com　總編室
網　　址　www.sxskcb.com

經 銷 者　山西出版傳媒集團·山西人民出版社
承 印 廠　山西出版傳媒集團·山西人民印刷有限責任公司

開　　本　700mm×970mm　1/16
印　　張　17.5
字　　數　177千字
印　　數　1—3000冊
版　　次　2014年12月　第1版
印　　次　2014年12月　第1次印刷
書　　號　ISBN 978-7-203-08768-7
定　　價　39.00圓

《近代名家散佚學術著作叢刊》編委會

出版説明

近代名家散佚學術著作叢刊選取一九四九年以後未再刊行之近代名家學術著作共一百二十册，編例如次：

一、本叢書遴選之著作在相關學術領域具有一定的代表性，在學術研究方向、方法上獨具特色。

二、爲避免重新排印時出錯，本叢書原本原貌影印出版。影印之底本皆經專家組審定，原書字體大小，排版格式均未做大的改變，原書之序言、附注皆予保留。

三、本叢書分爲八大類，以作者生卒年編次。

四、爲使叢書體例一致，本叢書前言後記均采用繁體字排版。

五、個别頁碼較少的版本，爲方便裝幀和閲讀，進行了合訂。

六、少數學術著作原書内容有個别破損之處，編者以不改變版本内容爲前提，部分進行修補，難以修復之處保留缺損原狀。

七、原版書中個别錯訛之處，皆照原樣影印，未做修改。

八、所選版本之抽印本頁碼標注，起始至所終頁碼均照原樣影印，未重新編排標注新頁碼。

由於叢書規模較大，不足之處，殷切期待方家指正。

總序／

披沙瀝金，以爲鏡鑒

◇許嘉璐

多年來有一個問題始終在我腦中盤桓：爲什麽在十九世紀末到二十世紀初，在短短的幾十年裏，中國的各個學術領域竟涌現了那麽多大師級的人物？這是中國近代史上一個極爲重要的現象，我認爲，如果不能給出令人滿意的答案，我們撰寫的近代學術史將是不完整的，甚至是缺乏靈魂的。後來我知道，著名人類學家克羅伯曾提出過一個問題：爲什麽天才成群地來？看來這種現象的出現並非中國所獨有，思考其所以然的也大有人在。而在那一次世紀之交中國的情况，似乎應驗了「天才成群地來」這個令克氏久久不解的疑問。錢學森先生曾從相反的方向提出了相同的疑問：爲什麽我們這個時代出現不了杰出人才？後來人們稱這個問題爲「錢學森之謎」。

要回答這些疑問不是件容易的事。與其迅速地囫圇地探尋，不如先多了解那些讓中國近代學術（應該包括人文科學和自然科學）史上閃耀着光輝的大師們的作品和自述，從而在腦海里盡量「復原」他們所處的環境和在那種環境下的心理路徑，從中或許可以得到一些啓示。

有一點是顯然的，這就是他們雖然都已遠離塵世而去，但是他們獨立思考的品性、求知治學的真誠、困厄窮愁中對節操的堅守，恐怕是他們共同的主觀因素，一直影響到現在，而且將會永遠留存下去。

就思想界、學術界而言，二十世紀上半葉是一個新説和舊説碰撞，中學和西學融匯的大時代。那時的學人極爲重視言行操守，同時具備現代知識分子的理想信念；他們的學術研究十分純凈，絶少功利因素；他們的視界開闊，以包容的心態和嚴謹的風格造就了成果的大氣與厚重。至於在客觀因素一面，他們實際是在用工業化時代的事實解説着太史公所説的名山之作「大抵聖賢發憤之所爲作」，困厄苦難使得他們「皆意有所鬱結」。這種鬱結，幾乎和個人的名利毫無牽涉，他們永遠不能釋懷的，是民族的存亡、國運的興衰、民衆的福禍和文脈的續斷。

那個時代也是近代歷史上最大規模的中西古今學術調適、創新的時期，學術方法上的交互滲透和融合、創新亦可謂「於斯爲盛」。斯時之學人是要在封閉的屋墻上鑿出窗子的勇士，是使人能够看看外部世界的第一批導夫先路者；或者可以説，他們是在「意有所鬱結」時「彷徨」和「吶喊」的「狂人」。

相對於那時的哲人們，後來者是幸運兒。現在的形勢是，近三十年來學界空前繁榮，衆多學科有了長足之進，其中很重要的一點是學界有了更新穎、更廣闊的國際視野，似乎接續上了百年前的學壇盛事。但細想想，「古」與「今」還是有差别的。其异，主要不在於世界情勢、學術進展、工具改善這些客觀存在，而在於在廣泛吸收各國優長的同時，自身文化的主體性越來越受到重視，換言之，「拿來主義」已經延長了「拿來」的程序，加上了試用、甄别、篩選、吸收、融合、成長。就我孤陋所見，在當今地球上，面向所有異質文明，努力汲取我之所缺，其範圍之大和心態之切，似乎無出中國之右者。從這個角度説，我們已經超越了前輩。但是事情還有另外一面，學術，特别是人文學科，其職業化、「沙龍化」和功利性，以及隨之而來的浮躁病却嚴重了。從這個角度説，是不是我們已經後退得够可以的了？而這是不是我們這個時代出不了大師的原因之一呢？

民國學術界的特點之一是極爲注重對傳統的反省、批判與繼承。他們對傳統文化盡最大的努力進行整理和研究。一方面，由於戰亂頻仍，民不聊生，學者們擔起了讓中華文化薪火相傳的歷史責任；另一方面，他們要通過對中國傳統文化的整理、挖掘來重振民族自信心。這一時期對傳統文化進行整理的全面而深入是前所未有的，舉凡文字學、語言學、經濟學、法學、哲學、政治制度、書法繪畫、金石學……規模之宏大，研究之精微，令人嘆爲觀止。

民國學術推動了現代學科體系的建立。在對傳統文化整理和研究的基礎上，吸收西方的文化思想和理念，推動和建立了中國現代學科體系。例如，在對語言文字和音韻學成果進行整理、研究的基礎上開始着手規範之，建立了國語學；深入研究書法、國畫，將其融入了現代美術學科；在廢除舊有學制後逐步建立起小、中、大學較完整的科目和學科體系。

民國學術也改變了傳統學術方式，建立了新的研究範式。以現代科學考古爲發端，科研的實踐和成果使中國知識界真正認識到在實驗、比較基礎上的邏輯分析對學術研究的重要，推進了中國學術的一大演變。至於我們常説的打破士大夫傳統、走出書齋到田野鄉村和市民中進行調查研究、結束了經學時代、以歷史眼光檢視儒學和諸子等等，都是確立新學術範式的努力。這一轉變，也標誌着中國學術界脱胎换骨，全面進入了現代，爲此後的學術發展奠定了堅實的基礎。當然，西方啓蒙運動以來，在「現代性」和「現代化」裏潛伏着的缺陷和謬誤也傳到了中國，這些不能不在前哲的著作裏留下痕迹。這並不奇怪。類似的情況，古往今來孰能免之？猶如今天的我們，誰敢自稱我之所見就是永恒的真理？在這個問題上兩個時代所異者，或許就在昔時大家創立新説或譯註西學著作，往往是懷着對學術和前哲的敬畏而爲之，故而常常誤不在我；當今則往往出於對學問和他人的輕蔑，或以所研究的對象爲謀己的工具，因而難辭主觀之咎吧。翻閱他們的心血之作，這些復雜的狀況可以顯見，可以視之爲我們的一面鏡子。

滄海桑田，世事變幻，歷史的動盪和時代的遮蔽，使當年許多大師的一些極有價值的學術著作被棄於故紙堆中，不能不令人有遺珠之憾。爲此，山西人民出版社不惜以數年之艱辛，披沙瀝金，編輯出版這套近代名家散佚學術著作叢刊，凡一百二十册，計文學、史學、政治與法律、美學與文藝理論、民族風俗、宗教與哲學、經濟、語言文獻共八大類別。所選皆爲作者之純學術著作，無論是其見解、精神，抑或是其時代烙印，都是後輩學人可資借鑒的寶貴財富。他們出版這套叢書，意在讓世人不忘來程，知篳路藍縷之不易，爲民族文化的傳承再增薪木。

出版社的初衷，與我近年來所思所慮近似，故願略述淺見於書端，以與策劃者、編輯者和讀者共勉。

二〇一四年七月六日

改定於自安東回京途中

前言

◇汪高鑫

中國近代的歷史，交織着多重矛盾。有傳統社會所具有的階級矛盾，有因帝國主義入侵而激化的民族矛盾，還有新舊思想觀念的矛盾，等等。正是社會矛盾的激盪，促進了近代社會的運動、嬗變與轉型，帶動了社會各種思潮的不斷涌現，進而引發了各種史學思潮的興起和近代史學的發展。一言以蔽之，近代中國史學與史學思想的發展變化，與近代中國社會的變遷是休戚相關的。

民國時期的社會變遷與轉型，直接促成了民國史學的發展和史學觀念的改變以及史學方法的創新。縱觀民國時期社會變遷與史學的發展，大致可以劃分爲兩個時期，第一個時期從一九一二年民國成立到一九三七年抗戰爆發，第二個時期從一九三七年抗戰爆發到一九四九年新中國成立。

第一個時期，中國社會的變遷大致經歷了從中華民國建立到北洋軍閥統治、從五四運動的爆發到兩次國内革命戰爭兩個階段。與此相對應，民國史學的發展也緊隨時代變化，明顯呈現出時代特徵。

在第一個階段，中國爆發了辛亥革命，結束了兩千多年的帝制統治，建立了資產階級民主共和體制的中華民國，然而資產階級臨時政府的權力很快又落入到袁世凱北洋軍閥手裏，中國政治進入了北洋軍閥黑暗統治時期。以梁啓超爲代表的一些早期提倡新史學的史家，因爲對袁世凱政府抱有幻想，而參加了北洋軍閥政府，由於忙於事務性的工作，早前由他們發動的資產階級新史學工作因此被耽擱了。這一時期新史學流派的歷史研究没有取得什麽實質性的成果。

北洋軍閥政府的獨裁統治與尊孔復古，激起了全社會的反抗，隨着維護資産階級民主共和的護國運動和護法運動的相繼開展，思想文化領域反對尊孔復古的新文化運動也於一九一五年開始廣泛開展起來，「民主」與「科學」便是這一運動所打出的旗幟。與此同時，大概自一九一六年以後，隨着一些留美、日、歐學生先後歸國，帶來了各種資産階級新思想。一時間，各種西方新學説不斷涌入，如英國羅素的社會改良主義、法國柏格森的生命哲學、德國李凱爾特的新康德主義、美國杜威的實用主義、馬克思主義，如此等等，當時中國的思想界可謂非常活躍。這些新學説、新思想的涌入，大大激發了這一時期中國史學家們的史學思想與歷史研究，各種新的史學研究方法得到介紹和提倡，史學出現了新的氣象。

從新文化運動到一九一九年五四運動時期，史學的代表人物主要有胡適、王國維、李大釗等人。胡適一九一七年留美回國後，很快成爲新文化運動的代表人物之一。在治學方法上，他將美國學者杜威的實驗主義運用到史學研究當中，於一九一九年提出了「大膽的假設，小心的求證」的治史方法和「整理國故，再造文明」的口號，發表了中國哲學史大綱這一以實驗主義研究中國歷史的示範之作，由此開啓了近代中國實證主義史學。王國維一九一六年留日歸國後，致力於甲骨文、今文和古器物考釋等的研究，一九一七年寫成的殷卜辭中所見先公先王考、殷周制度論，是考古學與歷史學相結合的開創性的研究成果。胡適與王國維等人的史學研究與方法，開創了近代中國史學研究的新範式。李大釗是近代中國第一個傳播馬克思主義的史學家。他於一九一六年留日歸國後，便積極投身於新文化運動中。當年發表了長文民彝與政治，從學理上論述如何根除帝制獨裁問題；次年發表了自然的倫理觀與孔子，對北洋軍閥政府尊孔復古進行抨擊；一九一九年在新青年上發表了我的馬克思主義觀，開始係統介紹馬克思主義史學理論，由此奠基了中國馬克思主義歷史觀。

第二個階段，爲中國兩次國内革命戰争時期。第一次國共合作北伐，取得了反對北洋軍閥統治的勝利；第二次國共内戰，其間日本帝國主義不斷擴大侵華，民族危機日益加重。盡管這一時期的中國戰亂不已，國家還面臨着嚴重的民族危機，卻是民國史學大發展時期；而造就這種大發展的原因，既有五四新學術思想的持續爆發的因素，也與二十世紀二三十年代社會變遷密不可分。

二十世紀二三十年代民國史學的大發展，突出表現在新歷史考證學上，這顯然是對五四時期開啓的實證史學的繼續和發展。一九一九年底，胡適發起「整理國故」運動，從歷史學的角度提出「整理國故」的步驟與方法，繼續宣揚他的所謂學術求真。胡適認爲，「整理國故」的目的在於學術求真，並非現實致用，並提出了「整理國故」的四個具體步驟：第一步是條理係統的整理，第二步是尋出每種學術思想發生原因和效果，第三步是要用科學的方法做精確的考證，第四步是綜合前三步的研究還他一個本來面目。應該説胡適的「整理國故」對於歷史研究有着方法論的意義。受胡適疑古實證思想影響的顧頡剛，在史學上的突出成就和影響，是提出「層累地造成的中國古史」的觀點，以及創辦古史辨，推動中國古史的研究。顧頡剛古史辨的具體成就，除去提出「層累地造成的中國古史」的命題，還揭示了三皇五帝古史係統由神話傳説層累造成，打破了民族出於一元和地域向來一統的傳統説法，以及對古書著作時代的大量考訂。顧頡剛的治史宗旨，用他自己的話來説，就是「只當問真不真，不當問用不用」（注一）。傅斯年曾經留學德國，深受西方蘭克「史料即史學」的實證主義影響。一九二八年創辦中央研究院歷史語言研究所，大力宣揚蘭克史學思想。按照傅斯年的説法，「學問之道，全在求是」（注二），一分材料只能説一分話，史學便是史料學。王國維在這一時期的歷史考證涉獵廣博，於漢晋木簡研究有流沙墜簡考釋、墜簡考釋補證和簡牘檢署考，於敦煌寫卷研究有與羅振玉合編的敦煌石室遺書，於甲骨文等古文字研究貢獻尤大。在治史方法與理論上，王國維的

「二重證據法」之「古史新證」理論，對於民國史學的影響極大。陳垣這一時期的治史集中於宗教史和文獻學。於宗教史上，從一九一七年至一九二三年，他先後發表了元也里可温考、開封一賜樂業教考、火祆教入中國考和摩尼教入中國考，合稱「古教四考」；於文獻學上，他對目録學、年代學、史諱學和校勘學等領域多有建樹。陳垣治史以重史源、講類例爲其特點。以上史家雖然治學方法與特點不盡相同，但都以考證見長。

這一時期「新史學」史家的史學研究與方法也取得了一定的成就。梁啓超這一時期的史學研究可謂多産，從一九二〇年至一九二七年，先後發表清代學術概論、先秦政治思想、中國歷史研究法及補編、中國近三百年學術史和古書真僞及其年代等，治史重點在學術史與方法論。與當年發起「新史學」相比，梁氏這一時期的史學研究呈現出廣疏多變的特點。何炳松在「新史學」思潮中可謂獨樹一幟，他於二十世紀二三十年代中國史學界的最大影響，便是對魯濱遜新史學的介紹和評論。何炳松係統闡發了「新史學」的「綜合史觀」，主張歷史研究要反映人類活動的全部，史學研究的方法應該多元化，如統計學的方法、生物學的方法等等，要綜合利用各種學科的成果特别是新學科的進展開展歷史的研究，並表達了對於歷史學的意義、價值和發展前景的看法。

與此同時，這一時期的馬克思主義史家對歷史學的研究繼續做出了貢獻。一九二四年，李大釗出版史學要論，運用唯物史觀對歷史、歷史學、歷史學的係統、史學在科學中的地位、史學與其他相關學科之間的關係、現代史學的研究及於人生態度的影響等史學基本理論問題作了闡述。一九二七年大革命失敗後，一些關注中國前途與命運的學者受到困惑，於是一場關於中國社會性質的大論戰逐漸開展起來。馬克思主義史家積極參與其中，郭沫若便是其中的杰出代表。一九三〇年，郭沫若出版了中國古代社會研究一書，這是民國時期中國第一部運用唯物史觀分析、解剖中國古代社會的著作。該書以物質資料生産方式的發展和變革來解釋中國古代社會歷史發展的全過程，論證中國歷史發展與世界歷史發展的共同性，對中國古史分期提出了自己獨創性的看法。參與社會史大論戰的馬克思主義史學家還有呂振羽、何幹之、翦伯贊、侯外廬、鄧拓等人。但總體來看，與歷史考證學派相比，這一時期的「新史學」派和馬克思主義史學派並不佔據主流。

第二個時期，中國經歷了抗日戰爭和解放戰爭，民國史學在這個時期的表現有兩個顯著特點：其一是緊緊服務於抗戰的需要而出現的抗戰史學；其二是馬克思主義史學得到了迅速發展，逐漸形成自己的革命史學體係。

抗日戰爭的爆發，引起了中國史學界巨大的震撼。面對中華民族出現前所未有的嚴重危機，在第一時期佔據史學主流地位的新考證學派史家，他們過去那種一味重視學術求真，而不講究學術致用的治史價值取向，在這時發生了重大改變，開始以史學積極服務於抗戰。早在九一八事變以後，面對中華民族的危機，顧頡剛、傅斯年、陳垣等考證學派史家就開始拿起自己的史筆，積極投身於抗日救亡的時代大潮中。顧頡剛一九三四年創辦禹貢半月刊，開始高舉愛國主義的民族主義旗幟。之所以要以「禹貢」爲刊名，按照顧頡剛的説法，是「今日談起禹域，都會想起『華夏之不可侮與國土之不可裂』」（注三）。很顯然，禹貢半月刊的宗旨，便是要通過對於邊疆歷史地理的研究，激發全民族抵抗日本帝國主義侵略的熱情與決心，以達到維護祖國領土完整的目的。傅斯年在九一八事變後，出版了東北史綱，以大量史實論證東北自古以來就是中國的固有領土，對日本帝國主義御用歷史學家的種種歪曲史實的謬論予以駁斥。全面抗戰爆發後，傅斯年又寫了中國民族革命史一書，雖然是未完稿，卻已經表達了他的民族思想。該書以歷史爲依據，充分論證了中華民族的同一性、整體性和不可分割性，因此，在面對日本帝國主義侵略中國的嚴重危機的緊要關頭，中華民族應該團結起來共同禦侮，要發揚中華民族百折不撓的精神，樹立起中華民族抗戰的必勝信心。陳垣在新中國成立後給友人的書信中講到了九一八事變後他的治史取向的轉變：「九一八以前，爲同學講嘉定錢氏之學；九一八以後，世變日亟，乃改顧氏日知録，注意事功，以爲經世之學在是矣。」（注四）抗戰爆發後，陳垣當時身陷淪陷區，卻堅持以史學爲抗戰服務，其中最具代表性的史著便是「宗教三書」和通鑑胡注表微。所謂「宗教三書」，是指明季滇黔佛教考、清初僧諍記和南宋初河北新道教考，雖然講的是宗教，卻表現了愛國的民族情操。明季滇黔佛教考是表彰明末遺民的愛國精神與民族氣節；清初僧諍記是通過宗教史的研究，來揭露變節者、抨擊賣國求榮的漢奸；南宋初河北新道教考也是用以表彰抗節不仕之遺民。通鑑胡注表微是陳垣最具代表性的史學著作，也是一部關注現實的史著，書中表現出了陳垣對歷史前途和民族命運的思考。錢穆在抗戰時期的史學研究，愛國的民族主義色彩也非常濃厚。一九三七年，錢穆寫成了與梁啓超同名史著中國近三百年學術史。該書以思想文化爲基礎和綫索，以學術傳承爲核心，通過史實證明中國傳統文化的優越性，旨在提醒國人要重視挖掘中國傳統文化的長處和價值，持守中國傳統文化的精神，保持一種民族的自信心。毫無疑問，這種民族自信對於全民族團結抗戰是非常必要的。一九四〇年，錢穆多年國史教學講義國史大綱出版。該書以「國史」作稱謂，反映了作者作史的民族國家本位意識。錢穆明確指出：「治國史之第一任務，在能於國家民族之内部自身，求得其獨立精神之所在。」（注五）該書的具體内容也充分體現了這一精神，它將文化、民族與歷史三者結合起來對中國歷史加以考察，認爲這種歷史發展過程即是民族文化精神的演進過程，歷史研究的目的不僅在於弄清楚歷史的真實，更重要在於弄清楚歷史背後蘊藏的民族文化精神，從而積極地去傳承這種民族文化精神。

當然，新考證學派史家開始轉向經世致用，只是治史的價值取向發生了變化，並不等於放棄了一貫的注重考證的治史方法。相反，在民國後期，這種治史方法還得到了發展，并且取得了很多重要成果，陳寅恪的詩文箋證和「民族文化之史」的論述便是典型代表。陳寅恪屬於考證學派代表人物之一，這一時期出版的隋唐制度淵源略論稿和唐代政治史述論稿是其考證隋唐史的力作。陳寅恪對於史料的運用有自己獨到的見解，認爲史家之於史料應該善於審定，辯證地看待真僞，同時要善於利用史料，詩詞、小説，以及稗史、筆記等，都可以用做歷史研究的材料，這顯然是一種「通識」的史料觀。陳寅恪詩文箋證的治史方法，即是在這種史料觀的指導下産生的，具體做法是以歷史記載去箋證詩文，同時詩文又可用以證史、探討史事，從而開闢出了一條新的證史路徑。一九五〇年出版的元白詩箋證稿，以及晚年寫成的巨作柳如是別傳，便是運用這種方法的代表作。陳寅恪關於「民族文化之史」的論述，其基本内涵包括政治制度、社會習俗、學術思想、文學藝術。陳寅恪的歷史觀念，是要以民族文化爲根基，同時吸收外來學説，由此構建起本民族思想文化體係；而不談經濟基礎的作用，則是其歷史觀念的局限性。

　　這一時期的中國馬克思主義史學家，不但積極投身於抗戰史學當中，爲全民抗戰進行歷史研究，而且把歷史研究與當時的革命鬥争相結合，逐漸形成了馬克思主義的革命史學。縱觀這一時期中國馬克思主義史學研究，主要在以下三個方面取得了顯著成就：其一是社會史研究，代表史家有吕振羽、鄧初民、侯外廬等人。吕振羽於一九四二年出版了中國社會史諸問題，該書是對二十世紀二三十年代中國社會史問題論戰的一個較爲係統的總結，正如作者在新版序言中所説，該書「反映了中國新史學在歷史科學戰綫上的鬥争過程中的若干情況，也反映了有關各派對中國史問題的基本立場、觀點、方法及其在一定時期的發展過程，可作爲中國馬克思主義史學史的參考資料」。鄧初民於一九四〇年和一九四二年分別撰寫出版了社會史簡明教程和中國社會史教程，兩書運用馬克思主義唯物史觀，分別論述了人類社會歷史的發展過程及其規律和中國社會歷史的發展過程及其規律。在中國社會史教程一書中，鄧初民指出了中國社會發展的前途是光明燦爛的，我們應該要「努最後必死之力，加以爭取」。侯外廬於一九四七年出版了中國古代社會一書，內容涉及生產方式、政治結構、階級關係、國家和法以及道德起源等問題，見解頗爲深刻。總體來説，這些社會史著作可以被看作是二十世紀二三十年代社會史大論戰的總結、延續和深入。

其二是通史研究。這方面的成就尤爲突出，吕振羽的簡明中國通史、范文瀾的中國通史簡編和翦伯贊的中國史綱都是這一時期的通史名作。吕振羽於一九四一年出版簡明中國通史上册，如同其出版序言所説，該書「與從來的中國通史著作頗不同」，這種「頗不同」主要表現在它「把中國歷史作爲一個發展過程在把握」，「還盡可能照顧到中國各民族的歷史及其相互關係」。一九四八年出版下册，在跋語中作者申明該書的基本精神是「把人民歷史的面貌復現出來」。范文瀾於一九四二年出版了中國通史簡編，該書的基本精神旨在將歷史研究與中華民族的前途相結合，如同作者在上册序言中所説的，「我們要瞭解整個人類社會的前途，我們必須瞭解人類社會過去的歷史；我們要瞭解中華民族的前途，我們必須瞭解中華民族過去的歷史」。這也正是中國通史簡編撰寫的初衷。本着這樣一個目的，該書的編寫運用馬克思主義觀點，肯定勞動人民的歷史作用，重視探尋社會發展的規律，注意分析階級鬥争的本質，積極反映生産鬥争的面貌。翦伯贊於一九四三年和一九四六年分别出版了中國史綱第一、二册，該書運用馬克思主義觀點，剖析了商周社會性質以及戰國秦漢社會性質的轉變，注意將中國歷史置於世界歷史的大背景下進行考察，在研究方法上重視以考古材料與文獻資料相結合。

其三是思想史研究，代表史家有吕振羽、何幹之、侯外廬等人。吕振羽於一九三七年出版了中國政治思想史，這是我國第一部運用馬克思主義理論論述中國政治思想的著作。撰述的初衷，是針對陶希聖的同名著述，可以被視爲社會史論戰的延伸。作者解釋所謂的政治思想史，「本質上係同於社會思想史」。全書按社會性質及其發展階段，對上自商朝下至鴉片戰争前的中國政治思想史作了係統論述。何幹之於一九三七年出版了近代中國啓蒙運動史，該書重視將思想運動和社會的經濟結構、政治形態聯係在一起來進行研究，肯定評價各種思想文化必須運用「歷史的眼光」，把思想文化放在特定的歷史環境中進行考察、分析和評價。侯外廬關於思想史的研究建樹最多，他於一九四四年出版了中國古代思想學説史，具體探討了歷史演進與思想發展、新舊範疇與思想變革、思想發展過程與時代個別學説、學派同化與學派批判、學説理想與思想術語、現實與遠景等等的關係，見解深刻；一九四五年出版了中國近世思想學説史，這是一部論述十七世紀至二十世紀中國思想學説發展史的著作，以十七世紀爲啓蒙思想期、十八世紀爲漢學運動期、十九世紀以後爲西學東漸期做劃分；一九四七年主持編寫出版了中國思想通史第一卷，該書編寫的主旨思想，作者在出版序中説，是「特在於闡明社會進化與思想變革的相应推移，人类新生與意識潛移的聯係」。

如果説五四運動以來至抗戰以前的中國馬克思主義史學的傳播主要還只是李大釗、郭沫若等少數人的努力的話，那麽隨着抗日戰争爆發，這樣的局面得到了很大的改觀，馬克思主義史學在此後得到了迅速發展。隨着馬克思主義史學家們在史學研究各個領域的全面開展，并且取得了許多重要的研究成果，一種新的「革命史學」體係便逐漸建立起來了。這種「革命史學」爲抗日戰争和全國解放戰争的勝利做出了重要貢獻，成爲中國共産黨領導的中國革命事業的重要組成部分。

縱觀民國時期史學的發展，明顯呈現出以下特點：首先是階段性。民國史學如同民國社會一樣，處在不斷的嬗變當中，故而呈現出明顯的階段性特點。這種階段性，大致可以分爲民國建立前後從傳統史學向新史學的轉變，五四時期及此後新史學向考證史學（廣義而言考證史學也屬於新史學）的轉變，抗戰時期考證史學向經世史學的轉變，從抗戰到解放戰争時期，馬克思主義革命史學迅速發展。

其次是經世性。民國史學的嬗變，呈現出階段性特點，又是與史學發揮其經世功能緊密相連的。五四新考證學派史學雖然標榜自己的學問「只當問真不真，不當問用不用」，其實他們的考證史學是與五四新文化運動提倡的科學精神分不開的。新考證史學雖然有傳承乾嘉治史方法的因素，更有學習西方，希望建立科學的史學的願望所在。正如顧頡剛所説的，「五四運動以後，西洋的科學的治史方法，才真正傳入，於是中國才有科學的史學可言」（注六）。這種科學的史學，與當時建立科學、民主的中國的社會訴求是相一致的，其實也是具有經世的内蘊於其中的。抗戰時期，包括實證主義和馬克思主義等在内的史家都積極投身於宣傳民族文化當中，則是與當時的救亡圖存聯係在一起的，這種史學經世直面社會問題、直面民族危機，其方式當然更加直截了當。毫無疑問，民國史學在其不同階段，整體上都没有脱離經世的主旨，這也是中國史學的優良傳統。

再次是流派多。這一時期的史學流派可謂异彩紛呈，有新史學派、國粹派、新考證學派、馬克思主義學派等等。每一學派下面又可具體劃分出具有不同特點的派别，如新考證學派雖然都以考證見長，但他們的學術風格還是不盡相同的，據此又可細劃出以胡適爲代表的實證派、顧頡剛爲代表的古史辨派、傅斯年爲代表的史料學派、王國維爲代表的考古派等等。一些學者根據各自不同的標準，對民國史學流派作了不同的劃分，如有信古派、疑古派與釋古派之分，有傳統派、革新派與科學派之分，有考據學派、唯物史觀派和理學派之分，有掌故派、社會學派之分，如此等等，不一而足。

總體來看，民國史學影響最大者，莫過於新考證學派和馬克思主義學派，抗戰以前以新考證學派最盛，抗戰以後馬克思主義學派得到迅速發展。這些史學流派的史學理論與方法，迄今依然成爲我們歷史研究的重要範式。

近代名家散佚學術著作叢刊選取了一九四九年以後未再出版的十六部民國時期的史學著作進行重刊，它們分別是朱謙之的扶桑國考證、魏應麒的中國史學史、衛聚賢的中國考古小史、陳伯瀛的中國田制叢考、謝國楨的清初流人開發東北史、張鵬一的唐代日人來往長安考、鍾歆的揚子江水利考、梁盛志的漢學東漸叢考、顧頡剛、楊尚奎的三皇考、陶棟的歷代建元考、陳述的契丹史論證稿、陳寶泉的中國近代學制變遷史、陳里特的中國海外移民史、鄭鶴聲的史漢研究、章中如的清代考試制度資料和郭伯恭的永樂大典考。之所以重刊這批史學著作，是看到了它們在今天依然有其學術價值所在。作爲一份豐厚的史學遺產，值得我們去加以發掘和繼承。

從所選十六部史學作品來看，明顯打上了民國史學的時代烙印，體現了民國史學的時代特徵。首先，研究内容涉獵廣博。涉獵廣博，是民國史學的基本特點，反映了民國史家學術視野的開闊。選擇重刊的雖然只有十六部史著，涵蓋面卻非常廣博，有史學史方面的，如中國史學史、史漢研究；有學術史方面的，如漢學東漸叢考、永樂大典考；有教育史方面的，如中國近代學制變遷史、清代考試制度資料；有經濟史方面的，如中國田制叢考、揚子江水利考、清初流人開發東北史；有考古史方面的，如中國考古小史；有民族史方面的，如契丹史論證稿；有中外交往史方面的，如扶桑國考證、唐代日人來往長安考、中國海外移民史；還有名號、年號史方面的，如三皇考、歷代建元考等。這樣的全方位的歷史研究，是民國史學的一個縮影。

其次，治學方法重視考證。重視考證，是民國史學的顯著特點。在十六部史著中，除去魏應麒的中國史學史、衛聚賢的中國考古小史、陳寶泉的中國近代學制變遷史、陳里特的中國海外移民史、鄭鶴聲的史漢研究和章中如的清代考試制度資料等六部外，其他十部都是考史著作。涉及的考證領域很廣，有國名、田制、開發、交通、水利、學術、名號和學制等等。在具體考證上，重視方法的運用。如朱謙之的扶桑國考證，按照作者自己在自序中所説，該書是「從文獻學、民俗學、考古學三方面的史料搜集和批評的結果」，這裏既是講史料搜集問題，也是講歷史考證方法。又如陳伯瀛的中國田制叢考，作者也在自序中交代了其作史、考史方法：首在網羅放失，整輯舊聞；次在探究原本；三則覆核名實；四則辨正事蹟；五則鑒古度今。可見該書對廣占資料、辨證核實的重視。

再次，治學宗旨强調致用。經世致用，是民國史學的重要特點，抗戰以後的史學表現尤其突出。所選十六部史著，也體現了重視經世致用的特點。如陳伯瀛之所以要撰述中國田制叢考，按照作者的解説，是因爲田制與農人、社會和國家休戚相關。該書「敍引」就説，田制影響農人生計，農人生計又會影響到社會秩序與和平。又如鍾歆的揚子江水利考，作者在該書「敍言」中論述了撰述該書的原因：一方面民國以前揚子江鮮有水患，所以過去這方面的論著很少；另一方面民國以來的數十年間，揚子江水患頻發，國家需要計劃治理，而治理水灾，就必須要先瞭解水文歷史。很顯然，該書是爲了治理揚子江水患的需要而撰寫的，經世意圖非常明顯。再如陳寶泉作中國近代學制變遷史，其實是藴含了作者教育救國的思想於其中的。在該書自序中，作者明確指出學制與人才問題關係到國家興亡的根本。他有感於當時各國教育制度的日新月異，而中國卻没有關於教育制度的專書作比較，致使切合國情的新的教育一時無由發現。他撰寫該書的目的，便是希望通過總結近代中國學制的變遷，找尋出一種更加適合當時中國需要的新的學制。

最後，歷史見解精辟獨到。如朱謙之扶桑國考證考證扶桑國爲何處，這是對當時世界史學界討論的一個熱點問題的積極回應。自從一七六一年法國人歧尼（De Guignes）發表中國人之美洲海岸航行及住居亞洲遠東之幾個民族的研究，提出扶桑爲美洲墨西哥説以來，引起了世界史學界的長期大討論，基本觀點無非有肯定與否定兩種，否定中又有扶桑國爲日本和樺太的不同説法。朱謙之依據文獻、民俗和考古資料，比較了世界史學界諸説的異同和存在的問題，得出了扶桑即美洲墨西哥的結論，不但駁斥了扶桑非美洲説的觀點，而且對美洲説也作了補充論證，更有説服力。又如魏應麒的中國史學史的問世，按照作者的説法，是「前無作者」的史著，卻表現得非常成熟。該書對中國史學的特質與價值、史籍的位置與類別、史館建置與職守、史學發展之情形、史書體裁之發展、史學理論與方法之運用等等，都提出了自己的見解，即使在今天，也不失爲有創見的反映中國史學史的著作。又如顧頡剛、楊尚奎的三皇考，這是民國考證派史學的代表作之一。在該書中，作者對「皇」、「三皇」、「太一」等相關概念作了係統闡釋，對三皇説與太一説的消長及其相互關係進行了論述，對與三皇相關的伏羲、盤古、女媧等古聖王的地位變化作了考察，對三皇、太一在道教中的地位作了説明，對歷史上關於三皇的信仰與祭祀情况作了梳理，并且旁及河圖洛書、三墳五典等等内容。這樣一個係統的考察，旨在論證「三皇」傳説只是托古改制的産物，認爲民族自信力應該建立在理性上，而不是虚假的三皇上。書中闡發的觀點，在當時史學界有很大的影響。應該説所選十六部史著，都是作者的心得之作，這裏不一一贅言。

挖掘、清理和總結民國史學，對於我們全面認識和係統借鑒民國史學，推動新時期中國史學與史學思想的發展是很有裨益的。借此對主持重刊工作的山西人民出版社表達一個史學工作者的由衷敬意！

二〇一四年五月於北京師大京師園

注一　當代中國史學，遼寧教育出版社一九九八年版，第一百五十三頁

注二　史料論略及其他，遼寧教育出版社一九九七年版，第二百頁

注三　禹貢四卷十期，禹貢學會募集基金啓事

注四　陳智超陳垣來往書信集，上海古籍出版社一九九〇年版，第二百一十六頁

注五　國史大綱，商務印書館一九九四年版，第十一頁

注六　當代中國史學，遼寧教育出版社一九九八年版，第二頁

作者簡介

梁盛志，生平不詳。

「漢學東漸叢考」目次

插圖目次

序一

日本位於中國之東。自朝鮮而往。一衣帶水之間耳。伊古以來。人民互有往來。乃事理所有。而史乘所載。常若惝恍不可捉摸者。蓋載籍之不盡傳。而中國自漢末以來朝野多事。或未暇紀之於文字也。當炎漢盛時。東西萬里。節使相望。據今所知。流沙以西。交通之跡綿延不斷。然後世士大夫多不甚措意。直至清末以後。得西人之紀載。互相參證。探討益明。始爲一時盛行之新學術領域。由此推之。東方交通史蹟尚未爲人啓發也明矣。古人稱東方君子國海上神山金銀宮闕之倫。雖多懸揣。亦必不盡出於想像。猶之國穆天子傳所稱亦不乏可以指實者。徒以西方之物產多爲中國所無。故樂於稱道。所謂睹犀布玳瑁則建珠崖七郡。感枸醬竹杖則開牂柯越巂。聞天馬蒲陶則通大宛安息也。東方風土與中國相近。遂不能引人歆羨若斯之甚。又術家辯士故奇其說以自增重。而實其所謂可望而不可卽之言。斯皆東方交通史蹟所以稀少之故。然隋唐以來。中日兩國史乘並傳。漸多實據矣。嘗讀王右丞同時諸詩人送晁監詩。想見其人之儒雅風流。文章華國。今觀日本史中之紀載。更知其策仕巨唐。洊躋顯列。直與阿史那瓌契苾何力王思禮哥舒翰比肩。襲金紫。樹棨戟。唐代之遐邇一體。中外一家。何其盛哉。觀乎吾唐文物製作之絕迹於中土者。皆幸存於日本。則其間通使命貿有無者。必不一其人。我國盛衰無常。而彼邦罕有災燹。是以保存獨多。其爲益於文化者誠非淺鮮。宋明末造。志人仁士行遁海東者踵趾相接。於是聖賢義理綱常名教之精蘊益與彼邦固有之教化互相濟發。其關係視形而上之文献尤爲重要。世人於朱舜水之講學多已耳熟能詳。而不知外此如李竹隱陳元贇戴笠諸人。其事蹟向來散見諸書。無人爲之貫串。晦而不彰者多矣。今而後學中國文化向外流播之線索與夫中日兩國文化互相影響之跡兆研求而會通之。誠明乎得失而達於世變者所當有事也。梁君盛志致力於此。歷有歲年。嘗偏蒐彼我兩邦文献以求唐宋以還兩國名賢往來之踪跡。顯微闡幽。批郤導窾。疏通證明而綱舉目張焉。每成一篇。余率得而寓目。欣喜讚歎。不可言喻。茲彙次而總爲一書。曰漢學東漸叢考。其不磨滅無疑。余間嘗瀏覽古人詩文雜記。頗多記兩國間人文事物者。思輯錄之以俟博雅君子爲之考訂。卒卒未就。以梁君之精進。其必能恢閎所業。日益遐富。又無疑也。謹爲數言以引其端。

瞿益鍇

序二

「漢學東漸叢考」十六篇，友人梁盛志君之所著譯也。余交君十有五年，以道義學術相砥礪。君平居訥訥如不能出口，而登壇講學則議論風生。善讀書，勤於札記，記誦博而識解足以貫穿之。嘗爲「中國文化史論」，上下古今，究政教之本原，論文運之推遷，明世事之利病。又著「歐美日本漢學史」，自稚郎子利瑪竇以下，迄今日東西洋人研討吾國文化學術之歷史業績，言之無不歷歷如數家珍。兩書皆體大思深，庶幾於成一家言者，君皆矜重閟惜之，不以示人，而比年社會所騰傳者，乃其考中日文化交通之短文。本書所收，其一部也。治中日交通史者，東土不乏名家。自木宮泰彥辻善之助等之書出，其事蹟之彰彰在人耳目者，固已燦然秩然，國人譯讀其書，夙所推重。獨惜無蒐求吾國文獻以相印證，裨補疏失，爲學術上之諍友者。梁君此書雖寥寥十餘篇，然如李竹隱藏笠延長經筒等，皆東土學者從未引用之文獻，闡微燭幽，其爲創獲無論矣。即櫽括扶桑碩學論著爲篇者，亦大率能抉擇是非，裨補闕失。其於中外時賢之說，偶有所破，皆植義甚堅，取證甚備，平其氣，約其詞，亦論學之極詣矣。作者序例謂「一篇之成，淹歷歲年，一事之異，訪之萬里，期於鎔裁群言，昭爲信史」其功力之艱苦，用心之眞摯可見。全書以徵文考獻爲主，而偶有論列，則屬詞雅馴，寄興遙深，方蔚宗之論炎漢，意溢於文，匹賡虞之議朱明，情深乎藻，蓋君少遊覇縣夫子滋溪老人之門，沈潛於龍門扶風之書，有窺於昔人所謂體潔氣清者。余嘗歎時移世易，兼擅義理考據詞章之作，邈乎不可得而見矣。讀君之文，如觀郝廷玉校陣，可以追維臨淮王遺法也。君喜沈思，多玄解，居嘗鄭重告予，同讀書於呑砒，等述作於博奕，意若甚悔艾者，而間日視之，則伏案如故。其亦所謂知其雄守其雌，夙因成癖者耶，世變方殷，吾儒所以自靖獻於人群者，其道益艱。子顧子有云，「博學於文，行己有恥。」王深甯之歸林下，馬貴與之在柯山，此物此志也。學問之事，始於飣餖考據，而終於通古今之變，淑其身以淑世，君之智既足以知之矣，亦望益勵於通儒之業焉。

普暄壽昀於舊京

弁言

一、本書所謂漢學，乃泛指中國學術文化。佛教雖源出印度，然東傳者實華化後之宗教，名僧大德多淵通儒釋，工爲漢詩文，故一以漢學括之。日本往昔以國學漢學蘭學並列，今其含義，畧同於此。

二、本書所收論文可分爲四類，一爲撮錄改編東土學者專著或論文，務求謹嚴，一以適於國人閱讀，一以參入鄙見，如「唐秘書監晁衡事輯」「山井鼎與七經孟子考文」等篇是。一爲根據蒐求之資料，自撰論文，重在詳人所畧，闡幽昧之史蹟，如「李竹隱海外講學考」「五代日僧巡禮五臺之遺物」等篇是。一爲鈎稽勘合東西史料文獻，正往哲時賢撰著之失，如「明季兩戴笠事蹟考」「梁任公著朱舜水年譜補正」等篇是。一爲全譯日本學者論文，如附錄諸篇是。

三、史之眞善美本爲一事，鑑往知來，可資觀感者惟眞實之史實爲然。本書整理銓次中日文化交通史實，惟在求眞，故於謬悠之神話，浮誕之傳說，有意之夸飾，無稽之想像，均所不取，文情枯澁，或所不免，然於鎔裁群言，昭爲信史之境地，雖不能至，心嚮往之。

四、本書所收論文雖譯著參半，而精力所萃，實在新資料之蒐求，新問題之提出。家本寒素，時方多故，凡所營謀，百不一遂。然即其所見，有北京圖書館東京圖書寮內閣文庫，東方文庫之孤本，有靜嘉堂文庫，蓬左文庫，苦雨齋之逸書。癡盦藏金，曾供論定，魯學拓石，亦資勘研。澳門得竹隱之詳傳，宇治見黃檗之遺文。一篇之成，淹歷歲年，一事之異，訪之萬里，廣賴機緣，纔成丘壑，勞倍功半，限於才力，世有達者，憫而教之。

五、自著及改編諸篇，引用文獻，必註出處，或在篇末，或附文中，撰著既非一時，體例未能畫一。翻譯各篇，則尊重原文，不敢擅爲增刪，即鄙見不同，亦未附入贅論。惟於原文紀年附註日本皇紀之處，則全易爲中國紀年，旣資對照，亦便國人。

六、昔人以讀萬卷書，行萬里路爲學，本書所研討者事涉兩國，時逾千年，而年來株守孤城，役身授讀，史蹟踏查，徒縈夢魂，文獻訪求，心餘力絀，偶以業餘，書成飣餖，藏之篋底，分飽蠹魚，乃以友朋需求，畧有刊布，魯魚亥豕，旣所不免，其自行轉載之雜誌，或更改易標題，割裂本文，塗飾無鹽，彌增慚悚。今茲結集，小事董理，增入圖版，自爲校讎。雖無以大異於昔日，固已較易於翻檢，辱賜誨責，幸以此爲據焉。

七、對於鼓舞協助我從事此方面研究之辻善之助博士，周知堂李革癡瞿兌之諸先生，敬謹致感。本書結集刊行全出錢稻孫先生之善意，承瞿兌之先生壽普暄先生寵賜序文，一併銘謝。

一、唐秘書監晁衡事輯

晁衡生長扶桑，負笈中華，受玄宗皇帝特達之知，歷仕三朝，入備侍從，出總師旅，文采風義，照耀一時。乃新舊唐書僅於日本傳中，略涉其事。日人以其韶齡去國，白首無歸，往昔亦罕道之。德川以來，如源光圀「大日本史」、伊地知季安「漢學紀源」、林道春「阿部仲麻呂傳」，始頗有記述。（註一）然按其內容，與華籍所傳往往互相抵牾。稽之年月，輒復支離舛誤，不可究詰。中央大學繆鳳林教授曾詮次其事，（註二）亦復依據寡薄，少所發明。比見杉本直治郎教授「安南與朝衡」一文，（註三）博搜史料，參伍考訂，用力甚勤，創獲亦多。惟其文枝葉扶疏，至十數萬言，刊布歷四年之久，卒讀爲難。今撮其精要，參以鄙見，爲晁衡傳云。

（一）

晁衡者日本阿部朝臣仲麻呂華名。或稱仲滿，滿殆麻呂之約音。晁或作朝，或作鼂，均朝臣之省，從華風也。衡生於日本文武帝二年（西元六九八唐中宗嗣聖十五年），中務大輔（正五位）船守子也。性聰敏，好讀書。靈龜二年（七一六）選爲遣唐留學生，時年十九。（註四）賜絁四十疋，綿百屯，布八十端爲學費。(註五)明年（七一七）三月，隨遣唐押使多治比縣守大使大伴山守並副使判官等發自難波（大阪），一行五百五十七人，乘舡四艘。其以留學生西來，顯名於後世者則吉備眞備、大和長岡、玄昉及晁衡也。此行爲日本遣唐使之第九次。時海行艱苦，遇險爲常，而此次幸値風平浪靜，使人略無闕亡。時唐玄宗開元五年，國勢鼎盛，四夷賓服。九州四海之俊彥，伊蘭印度之文化，無不朝宗長安。(註六)衡入京師，學於太學。(註七)與公卿貴游子弟，比席受業。(註八)資用乏，輒由唐資給之。(註九)旣卒業，爲司經局校書（正九品下），屬太子左春坊，掌校理刊正經史子集四庫之書。(註十)與儲光羲交。光羲有洛中貽朝校書衡詩云：(註十一)

「萬國朝天中，東隅道最長，朝生美無度，高駕仕春坊。出入蓬山裏，逍遙伊水傍。伯鸞游太學，中夜一相望。落日懸高殿，秋風入洞房，屢言相去遠，不覺生朝光。」

仕春坊謂從太子瑛於東宮，(註十二)蓬山謂春坊之書室。(註十三)衡時名位雖卑，然以異域學生得之，已爲難能矣。尋授左拾遺（從八品上）。十九年（七三一），京兆尹崔日知薦之。下詔褒賞，超拜左補闕（從七品上）。(註十四)左補闕屬門下省，掌供奉諷諫，扈從乘輿，凡發令擧事有不便於時，不合於道，大則廷議，小則上封。若賢良之遺滯於下，忠孝之不聞於上，則條其事情而薦言之。(註十五)拾遺補闕，自開元以來，尤爲淸選。(註十六)二十二年（七三四）冬，日本遣唐使多治比廣成將歸，吉備眞備、

大和長岡、玄昉等皆從行。衡留唐已十七年，亦以親老請歸。趙驊有送晁補闕歸日本國詩云：（註十七）

「西掖承休澣，東隅返故林。來稱郯子學，歸是越人吟。馬上秋郊遠，舟中曙海陰。知君懷魏闕，

萬里獨搖心。」

然帝終不許，衡感愴而賦詩云，「慕義名空在，偷忠孝不全。報恩無有日，歸國定何年。」（註十八）蓋當時交通艱阻，日本使船率二十年始一至。衡雖慕華仕宦，然見學侶之東歸，不無思親羈旅之情也。吉備等第一二船皆安抵日本，大使廣成之船則漂流至崑崙國。同行百十五人，或被殺，或死於瘴癘。廣成得免歸唐，衡以奏聞，賜船糧由渤海歸日。（註十九）

（二）

尋爲儀王友（從五品下），職陪侍遊居，規諷道義。儀王玄宗第十二子也。（註二十）進衛尉少卿（從四品上）。天寶十二年（七五三）爲秘書監（從三品），兼衛尉卿（從三品）。秘書監掌邦國經籍圖書，著作太史二局隸之。衛尉卿掌邦國器械，總武庫武器守宮三署官屬（註二十一）是年日本遣唐使藤原清河副使大伴古麻呂、吉備具備等復至長安。衡奉命導觀府庫及三教殿。元旦諸國使節朝賀於蓬萊宮含元殿，日本列東畔第一，與西畔之吐蕃爲領班。玄宗召見淸河，禮遇甚隆。大使以下敘官有差，均

衡爲之左右。（註二十二） 淸河之歸也，衡請返國。玄宗因命爲使，乃賦詩曰：（註二十三）

「銜命將辭國，非才忝侍臣。天中戀明主，海外憶慈親。伏奏違金闕，騑驂去玉津。蓬萊鄉路遠，若木故園林。西望懷恩日，東歸感義辰。平生一寶劍，留贈結交人。」

時衡留唐已三十六年，年五十六矣。王維、包佶等皆贈以詩：

王維送秘書晁監還日本國并序（註二十四）

（上略）海東國日本爲大，服聖人之訓，有君子之風，正朔本乎夏時，衣裳同乎漢制。歷歲方達，繼舊好於行人，滔天無涯，貢方物於天子。同儀加等，位在王侯之先，掌次改觀，不居蠻夷之邸。我無爾詐，爾無我虞。彼以好來，廢關弛禁，上敷文教，虛至實歸。故人民雜居，往來如市。晁司馬結髮遊聖，負笈辭親，問禮於老聃，學詩於子夏。魯借車馬，孔丘遂適於宗周，鄭獻縞衣，季札始通於上國。名成太學，官至客卿。必齊之姜，不歸娶於高國，在楚猶晉，亦何獨於由余。遊宦三年，願以君羹遺母，不居一國，欲其晝錦還鄉。莊舄既顯而思歸，關羽報恩而終去。於是稽首北闕，裹足東轅，篋命賜之衣，懷敬問之詔。金簡玉字，傳道經於絕域之人，方鼎彝尊，致分器於異姓之國。瑯琊台上，回望龍門，碣石館前，夐然鳥逝。鯨魚噴浪，則萬里倒回，鷁首乘雲則八風却走。扶桑若薺，鬱島如萍，沃白日而簸三山，浮蒼天而吞九域。黃雀之風動地，黑蜃之氣成雲，淼不知其所之，何相思之可寄。噫，去帝鄉之故舊，謁本朝之君臣，詠七子之詩，佩兩國之印，恢我王度，諭彼蕃臣。三寸猶在，樂毅辭燕而未老，十年在外，信陵歸魏而愈尊。子其行乎，余贈言者。

積水不可極，安知滄海東。九州何處遠，萬里若乘空。向國唯看日，歸帆但信風。鰲身映天黑，魚眼射波紅，鄉樹扶桑外，主人孤島中，別離方異域，音信若爲通。

包佶詩題「送日本國聘賀使晁臣卿東歸」，有「野情偏得禮，木性本含眞。錦帆乘風轉，金裝照地新」等語。（註二十五）

衡發長安，南過揚州。十月十五日，偕大使藤原清河副使吉備眞備等訪名僧鑑眞於延光寺，邀約東渡。四舶同發蘇州，順流而東，時天寶十二年十一月十五日也。（註二十六） 衡與大使藤原清河共乘第一舶。比出江口，衡望月悵然詠和歌曰：（註二十七）

「望盡蒼穹是我家
三笠山頭月正華」

天の原ふりさけ見れば春日なる
三笠の山に出てし月かも

世所傳絕調三笠山歌也。三笠山在奈良高圓、嫩草二山之間，殆衡少時遊息地。十二月六日，舟泊阿兒奈波(琉球)，衡舟與他舟相失，漂至安南驩州沿岸。(今安南河靜省Prouince de Hatinh德壽府)時群盜蠭起，而夷獠放橫，劫殺衆類，同舟遇害者百七十餘人，僅遺十餘人。唐人皆以為衡遇難死矣，李白作詩哭之曰：(註二十九)

「日本晁卿辭帝都，征帆一片繞蓬壺。明月不歸沉碧海，白雲愁色滿蒼梧。」

時天寶十三年(七五四)秋也。(註三十)白少衡一歲，官翰林待詔時，衡方為儀王友，均名重長安。白之友王屋山人魏萬，亦與衡善。嘗著日本裘，昂藏自喜，即以衡所贈布為之。(註三十一)

(三)

衡與藤原清河輾轉跋涉，天寶十四年六月，復至長安朝見。十一月安祿山反，華北鼎沸，玄宗幸蜀，衡或亦西走避難。至德二年(七五七)復京師，十二月上皇還幸，衡亦歸長安。(註三十二)上元中(七六〇—七六一)，肅宗任為左散騎常侍(從三品)，掌侍奉規諷，備顧問應對。尋擢鎮南都護(正三品)，治交州，掌撫慰諸番，輯寧外寇，覘候姦譎，征討攜離。(註三十三)時清河亦以衡薦，仕於唐，改名河清，娶妻生子。日本遣高玄度入唐迎之。上元二年(七六〇)，歸自長安，衡與河清均未行，

（註三十四）殆已絕意東返矣。然衡嘗作書，遇新羅宿衞王子金隱居寄鄉親。新羅使金初王持其書至日。

（註三十五）代宗永泰二年（七六六），兼領南節度使。五月安南生蠻大首領林覩符部落新置德化州，管戶一萬六百，潘歸國部落新置龍武州，管戶一千五百，詔衡宣恩勞徠之。（註三十六）龍武州一帶皆爨蠻，即今之猓玀。大曆初歸長安，五年（七七〇）正月薨，年七十三，贈潞州大都督（從二品）。

（註三十七）日本寶龜十年（七七九），唐使孫興進及河淸女喜娘至日，衡凶問達。五月勅曰。「前學生阿部朝臣仲麻呂，在唐而亡。家口罩乏，葬祭有闕。其賜東絁百匹，白綿三百屯，」蓋以恤其家族。

（註三十八）承和三年（唐文宗開成元年西元八八六）因命遣唐使，贈正二位，詔曰：（註三十九）

「故留學生贈從二品安部朝臣仲滿，身涉鯨波，業成麟角，詞峯聳峻，學海揚漪，顯位斯昇，英聲已播。如何不憖，莫遂言歸。唯有掞天之章，長傳擲地之響。追賁幽壤，既隆於前命，重叙崇班，俾給於命詔。」

（四）

衡以學生終老異國，而賜賻贈位，至極優崇，亦異數也。大曆十三年（七七八），河淸亦卒於唐。

與衡同時入唐之留學生，如玄昉謁濮陽之智周法師，究法相之蘊奧，齎經論章疏五千餘卷及佛像等歸國，爲日本法相宗第四傳祖師，受知宮廷，寵眷甚至。(註四十)吉備眞備在唐研覃經史，該涉衆藝，齎唐禮、大衍曆、樂書、兵器歸、大資日本文運之進步。曾修釋奠之儀，授漢書於東宮，官至大納言，年八十餘而卒。(註四十一)今日通行之片假名，相傳亦出其手。大和長岡精刑名之學，歸國後當時言法令者，皆就正焉。藤原不比等重修律令，長岡刪定二十四條，年八十餘，猶奉朝請蒙恩眷。(註四十二)以在日本有形之貢獻言，衡皆不及。故安積覺「大日本史論贊」首攻其蔑祖二本。(註四十三)而藤田彪近藤芳樹等，亦多指議(註四十四)日本國學者山崎闇齋之門人谷重遠，於「俗說贅辨」中至斥爲本朝罪人，害國體失大義，爲李白王維友，而爲顏魯公杜少陵所不取。(註四十五)可謂深文周納矣。林道春獨以爲不辱君命，信爲大儒炯眼。(註四十六)最近杉本直治郎氏始闡明其協和國際，爲日本之永久駐唐使節，以利文化之移植，其勳勤不可沒焉。(註四十七)若以中國言之，則如衡之懷恩慕義，敭歷內外，受知三朝，懋著勳勞，丁安史之亂，而綏靖南服，忠純無二。在有唐歸化俊彥中，不僅以文學稱焉。蓋衡當日所呼吸者爲世界文化之精英，其所致力者爲人類之福祉，(註四十七)此所以沐兩國之恩榮，而非規規小儒所與知也。當時如太白摩詰之才華，皆淪落不偶。摩詰因陷賊之故，幾淪刑辟。而詩聖杜甫，間關從王，僅授拾遺。以知衡之遭遇爲獨隆，而其內結主知者。當自有在云。

（註一）「大日本史」卷一百十六列傳第四十三，「漢學紀源」卷一仲滿第十三，「羅山先生文集」卷三十七。

（註二）文名「一位留學中國之日本詩人」見「國風半月刊」第二期。

（註三）連載廣島史學研究會出版之「史學研究」第三卷至第七卷，凡十二續，歷時四年。

（註四）據大日本史阿部麻呂傳及杉本直治郎氏考訂。

（註五）據延熹式卷三十。

（註六）木宮泰彥著中日交通史第六章。

（註七）王維詩，「名成大學，官至客卿，」儲光羲詩，「伯鸞遊太學」。

（註八）唐六典卷二十一，太學爲文武官以上及郡縣公子孫從三品曾孫，所入之學。

（註九）淡海眞人「唐大和尚東征傳」，唐對留學僧每年賜絹二十五疋，四季給時服，留學生當同然。

（註十）據杉本氏考訂幷舊唐書職官志。

（註十一）全唐詩卷五儲光羲集。

（註十二）「大日本史」以爲侍肅宗於東京，然時代不合。從杉本氏說，訂爲廢太子瑛。

（註十三）後漢書卷五十三竇章傳，是時學者稱東觀爲老氏藏室道家蓬萊山。唐章懷太子註云，言東觀經籍多也。
蓬萊海中神山爲仙府，幽經祕錄，並皆在焉。

（註十四）「古今和歌集」目錄引國史。

（註十五）唐六典卷八。

（註十六）「杜佑通典」卷二十一。

（註十七）「文苑英華」、又見「全唐詩」卷五。

（註十八）「古今和歌集」引國史。

（註十九）木宮泰彥「中日交通史」第六章。

（註二十）唐六典卷二十九，舊唐書卷一百七。

（註二十一）據王維詩，唐六典卷十六，又舊唐書職官志。

（註二十二）舊唐書東夷傳，日本高僧傳要文抄引延曆僧錄，續日本書紀天平勝寶六年正月丙寅條。

（註二十三）「文苑英華」卷二百九十六，明高棅「唐詩品彙」列盛唐詩翼中，朝衡或誤作胡。

（註二十四）王詩乃膾炙人口之作，見「文苑英華」卷二百六十八，王右丞集卷二十，唐事紀事卷十六，唐詩品彙卷十四，全唐詩卷五。

（註二十五）文苑英華二百九十六，全唐詩卷七。

（註二十六）「唐大和尚東征傳」。

（註二十七）「古今集」、「土佐日記」均以作歌地爲明州（寧波），今據杉本氏說定爲揚子江口。

（註二十八）唐大和尚東征傳古今和歌集目錄引國史

（註二十九）分類補注李太白集卷二十五，全唐詩卷六。
（註　三　十）據杉本氏說。
（註三十一）李太白集卷十六送王屋山人魏萬還王屋詩。
（註三十二）據杉本所考訂。
（註三十三）新舊唐書東夷傳，唐六典卷八卷三十。
（註三十四）木宮泰彥「中日交通史」第六章。
（註三十五）「大日本史」卷一百十六引「續日本紀」。
（註三十六）「冊府元龜」卷九百七十七臣部降附條，以日本靜嘉堂文庫藏南宋版、故內藤虎次郎所藏明寫本、日本內閣文庫藏明寫本互校。通行明崇禎壬午刊本及與此同一系統之淸康熙壬子五綉堂刊本，嘉慶甲戌重刊本，「朝衡」均誤作「周衡」，又參見安南志略卷九。
（註三十七）大日本史卷一百十六，年齡據杉本氏考訂。
（註三十八）見續日本紀。杉本直治郎氏以爲賜賻殆託唐使孫興進攜往中國者，因想像衡在唐雖年六十五未娶，（王維詩序，必齊之姜，不歸娶於高國。時天寶十二載，衡已六十五），而其後或有妾媵之子。然其事毫無旁證。且葬祭有闕云云，當非指唐之贈潞州大都督，而爲恤衡之日本家屬也。
（註三十九）大日本史卷一百十六引續日本紀。

（註四十）據元享釋書卷十六，續日本紀。

（註四十一）「大日本史」卷一百二十三。

（註四十二）「大日本史」日本儒林傳。

（註四十三）安積覺奉德川綱條命，於享保元年至四年（一七一六—一七一九）撰成，今通行大日本史刊本文化六年（一八〇九）削除，延享三年（一七四六）田邊晉齋自大日本史中輯爲「大日本史贊藪」行世。

（註四十四）見「東湖歌話」（東湖全集收之）近藤芳樹寄居歌談卷一。

（註四十五）「俗說贅辨」（續國民文庫正編卷下收之）。

（註四十六）「羅山先生文集」卷三十七阿部仲麻呂傳。道春爲德川家康所尊信，江戶時代儒者之祖師。

（註四十七）「阿部仲麻呂に對する評論」見史學研究第九卷第二號（昭和十二年十二月出版）。

（註四十八）唐代文明乃與世界各民族協合共建者。波斯印度中央亞細亞諸國，以及日本新羅百濟高句麗等國人入仕長安者，指不勝屈。李德裕曾選外國人入仕中國功績顯著者三十人爲「異域歸忠傳」。書雖不傳，而序存於「會昌一品集」。晁衡之仕唐，實原於此種環境與空氣。

（附記）杉本直治郎氏關於晁衡研究之論文，已系統整理，彙刊爲「阿倍仲麻呂傳研究」（朝衡傳考）一書（昭和十五年東京育芳社出版價八元）氏並譯錄本篇對於晁衡之評論附卷末，可參看。杉本氏滋賀人，京都帝大史學科畢業，現任廣島文理科大學教授，以安南史研究著。

二、空海入唐求法記

弘法大師空海像
京都大通寺藏

舊唐書日本傳，略記空海入唐年代，太平御覽及冊府元龜諸書承之。但新唐書卷三百二十則誤其留學三年爲二十餘年。文獻通考四裔考襲其失。黃遵憲日本國志始著其開眞言宗，創平假名等事。(註一) 董授經先生書舶庸譚有空海傳，所記較詳，乃全譯日本名人辭典，多中世附會傳聞之詞。(註二) 蓋海師在日本宗教文化史上，豐功偉烈，震古爍今，傳其事者多至六百五十餘種。要之始爲人，繼爲神，今則復爲人。昔法人谷拉賽，於十八世紀初葉，爲「日本西教史」，記海師事，侈陳怪異，擇焉不精，空海之名，雖藉以傳入歐西，而面目轉晦。（註三）予嘗欲總合東土現代學者硏究之結果，鈎稽較古近眞之史科，爲「弘法大師新傳」，荏苒歲月，未能卒業。今先略記其入唐求法始末，以備中日文化交通史之一葉云。

一、少年之空海

唐代宗大曆九年（西元七七四年），六月十五日，不空國師卒於長安大興善寺，皇帝爲之廢朝三日，贈司空，追謚大辯正廣智三藏。不空者本北天竺婆羅門族，東來事金剛智三藏，受五部灌頂，並嘗奉遺旨赴印度及師子國（錫蘭）求法，天寶初還京。前後譯密教經規七十七部，一百二十餘卷，歷玄肅代三朝，皆爲灌頂國師。蓋中國密敎之盛，此時爲最。不空傳法三十餘年，入室弟子頗多。其著者有五台山金閣寺之含光，京師崇福寺之惠朗，保壽寺之元皎及覺超，新羅之惠超等，均得金剛界一部。而靑龍寺惠果，號略修，少事不空，穎異篤學，蘊德持法，年二十八，兼得兩部師位，紹密教正傳，代德二帝尊爲國師。（註四）日本大僧都空海，實以不空卒之年（日本寶龜五年）生，渡唐受法惠果，爲日本眞言密教高祖，故世或以空海爲不空三藏後身云。

空海灌頂號曰遍照金剛，俗姓佐伯直，讚岐國多度郡（今日本四國香川縣善通寺）人也。父田公，母阿刀氏，生而穎慧，五六歲隣里間稱神童。延曆七年入京師（奈良），時年十五，隨外舅二千石阿刀大足受論語，孝經及史傳等，兼習辭章。年十八遊太學，入明經科，就直講味酒玄成讀毛詩尚書，問左氏春秋於岡田博士，博覽經史。(註五)尤喜佛書，著「聾瞽指歸」，申學道之志。年二十，從槇尾山石淵寺僧勤操落髮爲弟子，勤操秦姓，和州高市郡人，漢人後裔，三論宗名僧也。從受「虛空藏求聞持法」(一卷唐善無畏譯)，延曆十四年（西元七九五）四月九日受具足戒於奈良東大寺戒壇院，以勤操爲師主。受戒佛前發誓曰，「我入佛道，每求知要，三乘十二別部，心中有疑，未以爲決。仰願諸佛，示我至極。」一心祈請，因得善無畏譯「大毘盧遮那經」（卽大日經七卷）於久米寺塔下，情有所滯，因有入唐求法之志。(註六)

延曆十六年年二十四，著「三教指歸」三卷，倣子虛上林賦之體，論儒佛老之旨趣，其假名乞兒卽以自況，而爲佛教張目者。(註七)自後從事於俱舍、成實、法相、三論、法華等經典之研究，努力於唐音漢籍之學習。(註八)蓋嘗於名山絕巘之處，石壁孤岸之奧，超然獨往，淹留苦練。嚴冬深雪，著葛衲而顯露行道，盛夏酷暑，絕穀粒而日夜懺悔。(註九)其篤於學道也如此。

二、入唐經過

延曆二十三年(西元八〇四)，日本第十七次遣唐使受命西渡，大使藤原葛野麻呂、副使石川道益、判官菅原淸公、高階遠成等，空海與還學僧最澄（傳教大師）留學生橘逸勢等均奉勅從行。五月十二日由難波津解纜。空海與大使、副使、橘逸勢等共乘第一船。判官菅原淸公、最澄等乘第二船。判官三棟今嗣並錄事等乘第三船。第四船爲高階遠成譯員醫師等。（註十）四船七月六日發肥前國田浦，順風而行。次日晚風雨，波吞舵聲，火信不通，他船不知所往。第一船孤舟輕棹，顚簸於鯨波蛟霧之中，掣曳於颶風商飈之前，早瞻旭日，夕指北辰，乍西乍南，凡三十四日，抵福州長溪縣赤岸鎭海口，時八月十日也。日本使船，率由江口向蘇揚。閩疆僻左，罕覩外人，州吏閉船追人。空海乃代大使上福州觀察使書有云，「乍見雲峰，欣悅罔極，過赤子之得母，越旱苗之遇霖。」又謂「願垂柔遠之惠，顧好隣之義，縱其習俗，不怪常風，則涓涓百蠻，與流水而朝宗舜海；喁喁萬服，將葵藿以引領堯天。」刺史閻濟美閱之感動，因開船存問，給資糧，借屋十三煙，並奏長安取行止，主客流涕。數十日勅令至，大使給七珍鞍。十一月三日，一行二十三人，溯閩江向長安，空海與焉。餘人及來船則廻航明州，以待大使之歸。（註十一）

空海從大使陸路過錢塘上流，出杭州，循運河而北，經蘇州淮陰，溯汴水至洛陽，西入函關。十二月二十一日抵上都長樂驛（萬年縣東十五里），時唐德宗貞元二十年也。二十三日內使趙忠將飛龍家細馬二十三頭來迎，兼持酒脯宣慰。由春明門入城，居皇城外宣陽坊官宅。始知同發之第二船判官菅原清公等於九月一日抵明州，十一月十五日先大使抵長安。二十四日國書貢物附監使劉昂獻上，唐帝嘉納。二十五日於宣化殿禮見。次年二月十一日大使藤原葛野麻呂等東歸。空海與橘逸勢勅准留學，居西明寺永忠和尚故院。西明寺倣天竺祇園精舍而建，爲唐代名刹。永忠則日本高僧，大曆初至唐留學，習經論音律，日本延曆末歸國者也。（註十二）

三、受法於惠果

空海於國內曾從勤操大德受「虛空藏求聞持法」，又熟讀「大日經」，故於當日隆興之密教，特爲傾慕。周遊諸寺，訪擇師依。五月下旬與西明寺志明、談勝等五六人，同往謁惠果阿闍梨（密教教授意）於青龍寺東塔院。（今長安西南郊外祭台村之石佛寺）（註十三）和尚乍見，含笑喜告曰，「我先知汝來，相待久矣。今日相見，大好大好。報命欲竭，無人付法，必須速辦香華，入灌頂壇。」即歸本院，營辦供具。六月上旬，入學法灌頂壇。是日臨大悲胎藏大曼荼羅，依法拋花，偶然着中毗盧遮那（大日）如來身上。惠果讚曰，「不可思議，不可思議。」即沐五部灌頂，受三密加持。從此以後，受胎藏之梵字儀軌，學諸尊之瑜伽觀智。七月上旬，更臨金剛界大曼荼羅，重受五部灌頂，亦拋得毗盧遮那。惠果驚歎如前。八月上旬受傳法阿闍梨灌頂。蓋三月中畢「受明」「傳法」兩種灌頂。玉堂寺僧珍

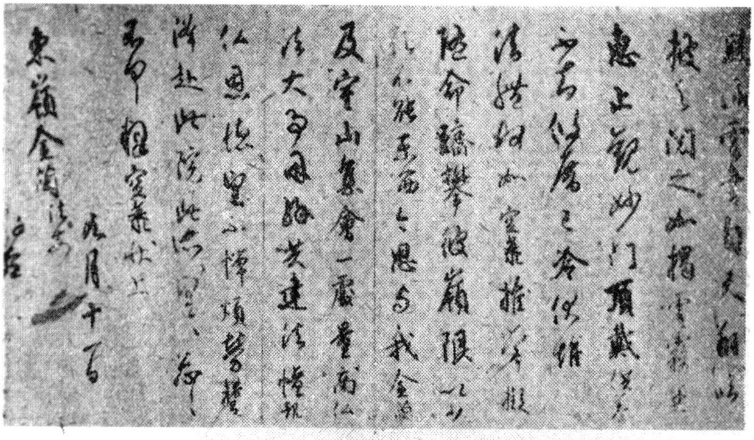

風信帖　京都東寺所藏

賀等妬之而不能阻。（註十四）

惠果以眞言、秘藏，經疏隱密，不假圖畫，不能相傳，則喚供奉丹青李眞等十餘人圖繪胎藏金剛界等大曼陀羅等十鋪。兼集二十餘經生，書寫金剛頂等最上乘密藏經。又喚供奉鑄博士楊忠信新造道具十五事。圖像寫經，漸有次第，因告空海曰，「吾昔髫齡之時，初見（不空）三藏。三藏一目之後，偏憐如子。入內歸寺，如影不離。竊告之曰，汝有密藏之器，努力努力。兩部大法，秘密印契，因茲學得矣。自餘弟子，若道若俗，或學一部大法，或得一尊一契，不得兼貫。欲報岳瀆，昊天罔極。如今此土緣盡，不能久住。宜將此兩部大曼荼羅，一百餘部金剛乘法，及三藏轉付之物，並供養之具等，請歸本鄉，流傳海外。纔見汝來，恐命不足。今則授法有在，經像功畢。早歸鄉國，以奉國家，流布天下，增蒼生福，則四海泰萬人樂，是則報佛恩師德忠於國孝於家也。義明供奉此處而傳，汝其行矣，傳之東國，努力努力。」(註十五)並語門人曰：「日本沙門空海，來求聖教，以兩部秘奧壇儀印契，漢梵無差，悉受於心，猶如瀉瓶。」(註十六)惠果傳法事畢，遂於永貞元年(八〇五)十二月十五日示寂。世壽六十，僧臘四十。元和元年正月十七日葬於孟村龍泉大師塔側。會葬者弟子道俗千餘人，空海受推，爲撰碑云：(註十七)

大唐神都青龍寺故三朝國師灌頂阿闍梨惠果和尚之碑

日本國學法弟子苾蒭空海撰文幷書

俗之所貴者也五常，道之重者也三明。惟忠惟孝，彫聲金版，其德如天，盍藏石室乎。嘗試論之，不滅者也法，不墜者也人。其法誰覺，其人何在乎？爰有神都青龍寺東塔院大阿闍梨法諱惠果和尚者也。大師拍掌法域之行崩，誕迹昭應之馬氏。天縱精粹，地冶神靈。種惟鳳卵，苗而龍駒。高翔擇木，囂塵之網不能羅之。師步占居，禪林之葩實是卜食。遂乃就故諱大照禪師師之事之。其大德也則大興善寺大廣智不空三藏之入室也。昔髫亂之日，隨師見三藏。三藏一目，驚異不已。竊告之曰：「我之法敎，汝其興之也。」既而視之如父，撫之如母。指其妙蹟，敎其密藏。大佛頂大隨求，經耳持心；普賢行文殊讚，聞聲止口。年登救蟻，靈驗處多。

于時代宗皇帝聞之，有勅迎入，命之曰，「朕有疑滯，請爲決之。」大師則依法呼召，解紛如流。皇帝歎之曰：「龍子雖少，能解下雨。斯言不虛，左右書紳。入瓶小師，於今見矣。」從爾已還，驥騄迎送，四事不缺，年滿進具，孜孜照雪，三藏教海，波濤唇吻，五部觀鏡，照曜靈臺。洪鐘之響，隨機卷舒，空谷之應，逐器行藏。始則四分秉法，後則三密灌頂。彌天辯鋒，不能交刃，炙輠智象，誰敢極底。是故三朝尊之以爲國師，四衆禮之以受灌頂。若乃旱魃焦葉，召那伽以滂沱，商羊決堤，驅迦羅以杲杲矣。其感不移晷，其驗同在掌。皇帝皇后，纍其增益，瓊枝玉葉，伏其降魔。斯乃大師慈力之所致也。

縱使財帛接軫，田園比頃，有受無貯，不屑資生。或建大曼荼羅，或修僧伽藍處。濟貧以財，導愚以法 以不積財爲心，以不慳法爲性。故得若尊若卑，虛往實歸，自近自遠，尋光集會矣。訶陵辨弘，經五天而接足；新羅惠日涉三韓而頂戴。劍南則惟上，河北則義圓，欽風振錫，渴法負笈。若復印可紹接者義明供奉其人也，不幸求車滿公當之也。沐一子之顧，蒙三密之教，則智璨玫壹之徒，操敏堅通之輩，並皆入三昧耶，學瑜伽，持三密秘達毘鉢，或作一人師，或爲四衆依。法燈滿界，流派遍域，斯蓋大師之法施也。

從辭親就師，落飾入道，浮囊不借他，油鉢常自持。松竹堅其心，冰霜瑩其志，四儀不虧而成，三業不護而善。大師之尸羅，於此盡美矣。經寒經暑，不告其苦，遇苦遇疾，不退其業。四上持念，四魔請降。十方結護，十軍面縛，能忍能勤，我師之所不讓也。遊法界宮，觀胎藏之海會，入金剛界，禮遍智之廟集。百千陀羅尼，貫之一心，萬億曼荼羅，布之一身。若行若坐，道場即變，在眠在覺，觀智不離。是以與朝日而驚長眠，將春雷以拔久蟄。我師之禪智，妙用在此乎。示榮貴導榮貴，現有疾待有病。應病投藥，悲迷指南。常告門徒曰，「人之貴者不過國王，法之最者不如密藏。策牛羊而趣道，久而始到，駕神通以跋涉，不勞而至。諸乘與密藏，豈得同日而論乎。佛法心髓，要妙斯在乎。無畏三藏，脫躧王位，金剛親教，浮盃來傳，豈徒然哉。從金剛薩埵稽首扣寂，師師相傳，于今七葉矣。非冒地之難得，遇此法之不易也。是故建胎藏之大壇，開灌頂之甘露。所期若天若鬼，覲尊儀而洗垢，或男或女，嘗法味而蘊珠。一尊一契，證道之徑路，一字一句，入佛之父母也。汝等勉之勉之。」我師之勸誘，妙趣在茲也。

夫一明一暗，天之常也；乍現乍沒，聖之權也。常理寡尤，權道多益，遂乃以永貞元年，歲在乙酉，極寒月滿，住世六十，僧夏四十，結法印而攝念，示人間以薪盡矣。嗚呼哀哉，天返歲星，人失惠日，筏歸彼岸，溺子一何悲哉。醫王匿迹，狂兒憑誰解毒？嗚呼痛哉！簡日於建寅之十七，卜塋于城邙之九泉，斷腸埋玉，爛肝燒芝，泉扉永閉，愬天不及，荼蓼嗚咽，吞火不滅；天雲慘慘現悲色，松風瑟瑟含悲聲，庭際菉竹葉如故，隴頭松檟根新移，烏光激廻恨情切，蟾影斡轉攀擗新。嗟呼痛哉奈苦何。

弟子空海，顧桑梓則東海之東，想行李則難中之難，波濤萬萬，雲山幾千也。來非我力，歸非我志。招我以鈎，引我以索。泛舶之朝，數示異相。歸帆之夕，縷說宿緣。和尚掩色之夜，於境界中告弟子曰，「汝未知吾與汝宿契之深乎，多生之中，相共誓願，弘演密藏，彼此代爲師資，非只一兩度也。是故勸汝遠涉，授我深法，受法云畢，吾願足矣。汝西土接我足，吾也東生入汝之室。莫久遲留，吾在前去也。」竊顧此言，進退非我師，去留隨我師，孔宣雖泥怪異之說，而妙幢說金鼓之夢，所以舉一隅示同門者也。詞徹骨髓，誨切心肝。一喜一悲，胸裂腸斷。欲罷不能，豈敢韞默。雖憑我師之德廣，還恐斯言之墜地。歎彼山海之易變，懸之日月之不朽。乃作銘曰：

生也無邊，行願莫極。麗天臨水，分影萬億。爰有挺生，人形佛識。毘尼密藏，吞幷餘力，脩多與論，牢籠胸臆。四分秉法，三密加持。國師三代，萬類依之。下雨止雨，不日即時。所化緣盡，泊焉歸眞。惠炬已滅，法雷何春。梁木摧矣，痛哉苦哉。松檟封閉，何劫更開。（註十八）

此碑於惠果在密教之地位，及傳法海師之經過，揭示無餘。所謂弘演密藏，彼此代爲師資，以視慧思智覬靈山會上之法契，更爲深摯。唐碑今存者頗多，而此石迄未發見。中土亦無著錄者。故常盤大定氏疑其未立。(註十九)計空海受惠果之提撕，前後不及一年。其後眞言密教式微於禹域，隆興於東土。瀉瓶之誨，殆非虛語云。

四、歸國前後

空海於受法惠果之餘，並曾學梵字於曇貞和尚。曇貞亦不空弟子，居青龍寺，與惠果爲同僚。又嘗接迹般若三藏，三藏罽賓國人，少年入道，嘗遊印度，以傳法來華。空海之歸也，贈以所譯經幷梵夾三口，謂「今欲乘桴東海，無緣，志願不遂。我所譯新華嚴六波羅密經及斯梵夾，將去供養，伏願結緣彼國，拔濟元元。」(註二十)又嘗學書法於韓方明，捨雀頭筆而用長鋒，變六朝初唐之風而倣顏體。(註二十一)並研究筆墨之製法，傳於東土。搜羅內外典籍，法書器物。始期留學二十年，既受眞言密傳，遵師命欲早日歸國。適遣唐判官高階遠成等舟至，因上書請歸，謂「已得攘氛招扯之摩尼，脫凡入聖之墟徑。擲使久客他鄉，引領皇華，白駒易過，黃髮何爲。」(註二十二)遂得請。素所交遊之僧俗，惜別贈以詩文者有朱千乘、朱少端、曇清、鴻漸、鄭壬等。(註二十三)空海有留別青龍寺義操闍梨詩云，「同法同門喜遇深，隨空白霧忽歸岑。一生一別難再見，非夢思中數數尋。」(註二十四)義操亦出惠果門下，殆空海摯友。其後日僧圓仁、圓珍入唐，受教於玄法寺法全，則義操之高足弟子云。

憲宗元和元年（西元八〇六）八月，空海隨遣唐使船歸國，橘逸勢亦從行。十月抵博多，時日本大同元年也。（註二十五）空海年三十三。其同時入唐求法之智澄，則已於前一年（延曆二十四年）六月歸國，曾登天台從道邃、行滿學天台宗義，赴越州龍興寺從順曉學密教。奏上經論，受知官廷，行灌頂於高雄山寺。（註二十六）空海於十月二十二日表上新請來經等目錄，計新譯經等一百四十二部二百四十七卷，梵字眞言讚等四十二部四十四卷，論疏章等三十二部一百七十卷，計共二百十六部四百六十一卷。佛菩薩金剛天等像，法曼陀羅，三昧耶曼陀羅，并傳法阿闍梨等影共十鋪，道具九種，阿闍梨付囑物十三種。

嗣後受四朝寵遇，開高野山，賜東寺，任少僧都。爲國家建壇修法五十一度。前後授灌頂者數萬人。日本眞言宗自是確立。（註二十七）大弟子有實慧、眞濟、眞雅、泰範、智泉、眞如、道雄、圓明、杲隣、忠延等。（註二十八）承和二年（唐太和九年西元八三五）寂，年六十二。（註二十九）貞觀六年（八六四）贈大僧正法印大和尙，勅謂「智慧峰高，菩提月朗，持三密之法印，爲四輩之儀型。人亡道盛，世舊名新。惟景慕之甚深，念追崇而何止。」延喜二十一年（西元九二一後梁龍德二年）勅云，「故大僧正空海，全三十七品之修行，斷九十六種之邪見。既而佛日西沒，渡溟海而仰餘輝；法水東流，通陵谷而導清浪。受密語者多滿山林，習眞趣者自成淵叢。旣味其道，追憶其人。」因加諡號弘法大師。（註三十）迄今日本眞言宗有寺一萬二千餘，住職七千九百人，宣教所千六百餘，均奉空海爲高祖。聲勢之盛，親鸞之淨土眞宗外，無及之者。（註三十一）

五、文化上之貢獻

空海爲日本平安朝初期文化之恩人，日唐文化之溝通者，開高野山，興眞言宗。其「十住心論」十卷，爲眞言宗之教相判釋，品隲諸教，區別顯密，始與日本當時各種思想以整然體系。（註三十二）其「文鏡秘府論」六卷，存唐人詩格詩式之精華，爲中國文學批評史上要籍，影響於日本和漢文學作風者亦鉅。其「篆隸萬像名義」爲日本最古之辭書，存顧野王玉篇之本來面目。其書法與嵯峨天皇、橘逸勢並稱三聖，兼擅篆隸楷行草飛白各體，神韻躍動，具飛龍翔鳳之趣，爲日本書道宗師。（註三十三）此外於繪畫、鑄造、雕刻、建築、均有所貢獻。（註三十四）又嘗立「綜藝種智院」於京都左九條，開庶民教育之先河。謂九流六藝，濟代之舟梁，十藏五明，利人之惟寶。分道俗二師，道所以傳佛經，俗所以弘外書。其俗博士所授者有九流、三玄、三史、七略等，蓋儒釋兼綜。（註三十五）日本依波呂歌及五十音圖之發明，雖聚訟紛紜，然與注意通俗教育，深究悉曇（梵字）之空海，亦多傳有相當淵源。（註三十六）蓋扶桑自交通隋唐，輸入中國文化以後，名僧俊彥，聯鑣競秀，然如海師之博綜衆藝，規模宏遠者，實所僅見云。

六、餘論

孔子曰，「不憤不啓，不悱不發。」空海自久米感經，歷九年始得渡華。出入波濤，崎嶇關山，九死一生，半載始達長安。彷徨都門，托鉢蕭寺，又數月始得謁密教宗師。所謂憤悱者非耶？瀉瓶之教，會心之傳，數月提撕，勝於十年講貫。時雨之化，斯爲著矣。昔楊中立以不惑之年謁伊川，正叔瞑坐，龜山儼立，門外雪深一尺而不知。師生玩日愒時，而論者艷稱其事。則惠果空海之汲汲於傳法宏法，不可終日者，殆尤足尙矣。惠果以大唐三朝國師，撫異域遊僧爲法嗣，與水戶侯尊亡明寒儒朱舜水爲宗師，其卓識幽懷，均可以感天地泣鬼神。而空海所以符期許，舜水所以答尊禮者，莫不卓然可傳。余既記舜水事，因復詮次空海求法始末，以告世之重師道者。青龍寺今存破殿數間，而日人赴陝者多虔誠涖寺瞻謁，目爲該國密教發祥聖地。殘垣敗壁上時有扶桑人士題字。（註三十七）民國十三年夏秋之交，眞言僧和田辨瑞君，曾耑赴長安，弔故址，懷祖師奇遇，悵惘不能勝情。（註三十八）蓋略彰盛德，遍照精誠，千載下猶使人感喟云。

附註

（註一）日本國志卷三十三學術志二、卷三十七禮俗志四。
（註二）董康書舶庸譚卷四。
（註三）守山聖眞「文化史上ヨリ見タル弘法大師傳」序說第二（昭和八年刊）。
（註四）據空海著「祕密曼荼羅教付法傳」卷第二上中。
（註五）空海僧都傳（收續群書類從卷第二百六、傳部十七）。
（註六）據守山聖眞弘法大師傳第二章第三等之考訂。
（註七）岡田正之「日本漢文學史」第三期第三章、「三教指歸」見弘法大師全集中。
（註八）守山聖眞弘法大師傳第四章第一節。
（註九）空海僧都傳。
（註十）木宮泰彥「中日交通史」第六章。
（註十一）守山聖眞弘法大師傳第五章第二節，「爲大使上福州觀察使書」見遍照發揮性靈集卷五。
（註十二）參看桑原隲藏「大師ノ入唐」（收東洋史說苑中、昭和二年版）又守山弘法大師傳第五等第二節。
（註十三）據嘉慶己卯咸寧縣志卷十二並桑原隲藏氏「大師ノ入唐」及「長安ノ靑龍寺ノ遺址ニ就イテ」（收東洋文明史論叢中昭和九年版）等文之考訂。常盤大定博士有「密教ノ發源地タル唐ノ靑龍寺ニツイテ」一文（收

支那佛教ノ研究中昭和十三年六月版），否定其說，謂在祭臺村之更東一里許。

（註十四）參看空海上新請來經等目錄表及大師御行狀集記第二十五至二十八。

（註十五）據新請來經等目錄。

（註十六）據吳慇撰「略修和尚行狀」附秘密曼荼羅付法傳卷第二下。

（註十七）秘密曼荼羅付法傳卷第二下。

（註十八）碑文見遍照發揮性靈集卷二。

（註十九）常盤大定「密教ノ發源地タル唐ノ青龍寺ニツイテ」第二節。

（註二十）守山氏弘法大師傳第五章第十節第十一節。

（註二十一）內藤虎次郎「弘法大師之文藝」（收日本文化史研究中昭和十一年增補版）。

（註二十二）守山氏弘法大師傳第五章第十三十四十六節。

（註二十三）各詩見弘法大師全集第五卷「闌契遺音集」，又見高野大師御廣傳上（續群書類從卷第二百九），

（註二十四）見經國集第十（良岑安世撰，群書類從卷百二十五文筆部收之）。

（註二十五）守山氏弘法大師傳第六章第一節。

（註二十六）參看釋一乘志撰「叡山大師傳」及傳教大師行狀，均見續群書類從卷二百五。

（註二十七）空海僧都傳。

（註二十八）各弟子事詳守山氏弘法大師傳第二十五章弟子傳。
（註二十九）空海僧都傳。
（註 三 十）守山氏弘法大師傳第二十四章。
（註三十一）據昭和十二年「朝日年鑑」寺院統計，所舉爲昭和七年數字，見原書二五七至二五八頁。
（註三十二）參看守山氏弘法大師傳結言，丁福保佛教大辭典二二四頁「十住心論」。
（註三十三）內藤虎次郎「弘法大師之文藝」。
（註三十四）守山氏弘法大師傳第二十二章大師ト美術。
（註三十五）田制佐重「日本教育史潮概說」第三章（昭和十年版），又「綜藝種智院式」見遍照性靈集卷十。
（註三十六）守山氏弘法大師傳第二十章，伊波呂丼ニ五十音圖ニ關スル考察。
（註三十七）王蔭樵西京遊覽指南（二十五年三月大公報西安分館刊）第四篇古蹟名勝。
（註三十八）和田辨瑞「支那密教史蹟踏查記」見大正十四年二月刊「新興」。

三、日本最古之漢詩集

一、日本漢詩之緣起

日本自與隋唐交通，漢籍東漸，朝廷詔勅，國史撰述，習用漢文。和歌因唐詩影響，日趨隆盛。而規撫華風之漢詩，亦漸行於朝紳名僧間。天智帝於萬機之暇，曾集學士大夫，賜宴賦詩。然當時御製，及詞臣之作，均已佚不可見。弘文帝有侍宴詩云，「皇明光日月，帝德戴天地。三才並泰昌，萬國表臣義。」乃在東宮時侍天智帝宴之作，日本最古之漢詩也。（帝殂於壬申之亂，時唐高宗咸亨三年。）聖武帝神龜三年（唐開元十四年），因靈芝生，勅朝野僧俗獻詩賦，十二日中凡得百十二人，均賜祿有差。（註一）是年新羅使薩飡金造近等至，左大臣長屋王張讌其第，分字賦詩。（註二）淳仁帝天平寶字三年（唐肅宗乾元二年），高麗使至，大保惠美押勝亦邀至其第，集當時文士，賦詩送別。副使楊泰師亦作詩和之。（註三）文酒聯歡，用於外交。詩篇工拙，國家之榮譽係焉，此才人學士所以焦心苦慮，力爭上流，而國家亦特與獎勵也。由近江至奈良朝末（唐德宗興元元年），漢詩作者之可見者凡七十五人。即文武、弘文、孝謙三天皇，川島、大津、兩王子，葛野、大上、大石、山前、大伴、境部、長屋七王。群臣則有藤原不比等，藤原房前、阿部仲麻呂、大伴旅人、中臣大島、紀麻呂、藤原宇合、石上宅嗣、大伴家持、淡海三船、山上憶良等。其中贈正一位至從三位凡十五人，大學博士文章博士大學頭助及東宮學士等，直接與漢文學有關者凡十四人。緇流有智藏等六人，可謂盛矣。至總輯各家之作，傳至今日者，爲「懷風藻」一書。

二、懷風藻之編次與題晦

懷風藻一卷，作者不詳，有天平勝寶三年（唐天寶十年）自序，文云：（註四）

逖聽前修，遐觀載籍，襲山降蹕之世，橿原建邦之時，天造草創，人文未作。至於神后征坎，品帝乘乾，百濟入朝，啓龍編於馬廄，高麗上表，圖烏冊於鳥文。王仁始導蒙於輕島，辰爾終敷教於譯田。遂使俗漸洙泗之風，人趨齊魯之學。逮乎聖德太子，設爵分官，肇制禮義。然而專崇釋教，未遑篇章。及至淡海先帝之受命也，恢開帝業，弘闡皇猷，道格乾坤，功光宇宙。旣而以爲調風化俗，莫尙於文，潤德光身，孰先於學。爰則建庠序，徵茂才，定五禮，興百度，憲章法則，規摹弘遠。夐古以來，未之有也。於是三階平煥，四海殷昌，旒纊無爲，巖廊多暇。旋招文學之士，時開置醴之遊。當此之際，宸翰垂文，賢臣獻頌，雕章麗筆，非唯百篇。但時經亂離，悉從煨燼。言念湮滅，輙悼傷懷。自茲以降，詞人間出。龍潛王子，翔雲鶴於風筆，鳳翥天皇，泛月舟於霧渚。神納言之悲白鬢，藤太政之詠玄造，騰茂實於前朝，飛英聲於後代。余以薄宦餘閑，遊心文囿，閱古人之遺跡，想風月之舊遊。雖音塵眇焉，而餘翰斯在。撫芳題而遙憶，不覺淚之泫然。攀縟藻而遐尋，惜風聲之空墜。遂乃收魯壁之餘蠹，綜秦灰之逸文，遠自淡海，云暨平都，凡一百二十篇，勒成一卷。作者六十四人。具題姓名，並顯爵里，冠於篇首。余撰此文，意者爲將不忘先哲遺風，故以懷風名之云爾。于時天平勝寶三年，歲在辛卯冬十一月也。

輯詩文而名以集，在我國興於東漢，大率後人追題。其自題者始於齊張融之「玉海集」。（註五）日人倣之。和銅中（唐景龍二年至開元二年）已有人麻呂之和歌集。至和歌總集則有「古歌集」，及山上憶良之「類聚歌林」，惟其書均不傳。詩集最古者有「藤原宇合集」一卷，宇合卒於天平九年（唐開元二十五年）。以詩賦冠紳朝，懷風藻收其詩獨多。其次石上乙麻呂有「銜悲藻」兩卷，乃天平謫配南荒中之作。以藻名集，殆昉於此。懷風藻序文未署姓字。德川中林春齋始以爲淡海三船之作。（註六）松崎蘭谷之「懷風藻序」，岡白駒之「皇朝儒臣詩」，藤井貞幹之「國朝書籍目錄」，伴蒿溪之「閑田餘筆」，尾崎雅嘉之「群書一覽」，均襲其說。惟天平勝寶三年三船年方三十，尊爲諸王。與序文所謂「薄宦餘閒」者不合。故市河寬齋、平出鏗痴等均非其說。（註七）由自序觀之，其學殖文章實斐然度越時流，故能選擇取捨，論定諸家，爲日本總集之權輿。其輯錄詩篇均以時代相次，不計尊卑。詳後略古，近江朝僅弘文帝御製，殆所謂秦灰遺文。淨見、藤原朝三十餘年間有河島、大津兩皇子以下十五人之作。平城奠都迄勝寶三年，四十餘載中有藤原不比等以下四十八人之詩。集中多遊覽宴集之作。與於長屋王讌集之詩人凡十七。長屋王於天平元年（唐開元十七年）以讒賜死。交遊坐罪流竄者七人，殆所謂魯壁餘蠹者耶。其編次，先揭作者，次題，次詩。大友皇子、河島皇子、大津皇子、釋智藏、葛野王、釋辨正、釋道慈、釋道融、石上乙麻呂九人附略傳。其他多於官位姓名下記年齡，不明者則闕之。蓋取孟子頌其詩讀其書，不可不知其人之意。梁元帝懷舊志序曰，「獨軫魂交，情深宿草。故備書爵里，陳懷舊焉」（見藝文類聚）懷風藻之備緻爵里，殆倣於此歟。

懷風藻爲一家之私著，書成未能行世。博洽如紀叔望，以日本漢詩始於大津皇子，殆未見此書。長久二年（宋慶曆元年）大學頭惟宗孝言手鈔此書，跋云：

「長久二年冬十一月二十八日，燈下書之，古人三餘，今已得二者也。文章生惟宗孝言。」

孝言善詩歌，能文章。今傳之懷風藻寫本刊本均有此跋，其時去書成之天平勝寶三年已二百九十載。與孝言同時之「今昔物語」著者源隆國，亦以大友皇子爲詩始，似曾見此書。南北朝初，有借京都蓮華王院藏本鈔錄者，跋稱「久埋壁埃，人不之知。康永元年（元至正二年）書寫之」。其人或爲五山學僧。今傳水戶彰考館本、林氏本、紀州德川氏本、及其他刊本，均有此跋，惟內閣文庫藏鈔本無之，嘗出另一系統。德川初林羅山有鈔本示藤原惺窩，以爲得東觀未見書，激賞爲上代不讓中華之人。(註八)後陽成天皇亦嘗讀之。萬治三年（清順治十七年），林鵞峰撰，「本朝一人一首」，古代之詩，多取於此。「本朝通鑑」、「大日本史」亦據爲史科，因而名重一時。(註九)天和四年（清康熙二十三年），始有碧鷄堂刊本。蓋自書成，以鈔本行世者九百三十餘年而未致澌滅，亦云幸矣。寶永二年(康熙二十三年)演古堂補彫刊行，寬政五年(乾隆五十八年)竹苞樓再校刊行，塙保己一輯「群書類從」，入文筆部第一，乃第四次梓板，遂廣佈於世。(註十)寶曆六年(乾隆二十一年)守山候源賴寬著「歷史詩集」，明和七年（乾隆三十五年）江村北海著「日本詩史」，文化中市河寬齋輯「日本詩紀」，皆多取資本書。各刊本與寫本，文字頗有異同。序稱百二十篇，而單行本實存百十六篇。目錄中道融五首，僅存其一。類從本增出道融山中詩一首，最後加入無名氏「五言歎老」一首，合爲百十八篇。日本古典全集本乃以寶永初刊爲底本，以各本參校者。註釋有今井舍人之「懷風藻箋註」一卷(靜嘉堂文庫藏)，及釋清潭之「懷風藻新釋」(丙午出版社刊)。

三、懷風藻之內容

懷風藻大部爲五言詩，七言詩僅七首而已。八句者居十分之七，四句者居十分之二，十句以上之詩極少。詩中喜用對句，而平仄多不諧。具備五律格調者，僅石上乙麻呂「飄寓南荒贈在京故友」一首而已。詩中中用仄韻者僅五首，餘均用平韵。平韻中用十一眞者三十二首，尤韻者十三首，陽清庚通用者十三首，東韻十首。蓋當時承六朝餘風，尙未及規撫初唐近體。六朝詩以五言爲主格，文選中收詩與樂府四百九十四首，其中除四言三十八首，七言九首外，均爲五言詩。故懷風藻時代之作者亦主爲五言。其平仄諧適者，亦猶古樂府子夜歌之偶似五絕調，或如北齊蕭子慤之「上之回」，庾信之「舟中得月」諸作，有類五律，然此皆特例。以大勢言之，不出六朝古詩之域。其罕爲長篇，用韻偏執，殆以模倣伊始，筆力未暢。且驅駕聲音，未能自由也。

以詩材言之，侍宴從駕之作最多，約占四分之一。讌集遊覽之詩次之。七夕之詩凡六首。此外如「釋奠」、「賀筭」、「曲水宴」之詩，華風瀰漫，可以想見當時醉心大陸文明之一斑。儒家思想流露最多。以堯舜期君，以天縱頌聖，仁智山水之說，君臣難易之訓，多以入詩。老莊思想亦見詩中。越智直廣謂「老莊或所好」，道公首名詠，「昔聞濠梁論，今辨游魚情」，葛野王遊龍門山詩，「命駕遊山水，長忘冠冕情。安得王喬道，控鶴入蓬瀛。」皆求道慕仙之作也。藤原麻呂雖崇儒教，亦羨清談。故稱「千歲之間，嵇康我友，一斛之飲，伯倫吾師。」又謂「寄言禮法士，知我有麤疎。」當時世說新語盛行於時。老莊思想，藉此輸入。紀男人七夕詠云，「犢鼻標竿日，隆腹曬書秋，」藤原宇合詩「流風入阮嘯，流水韻嵇琴，」皆世說中故實也。佛教雖盛行當時，而其思想見於者詩極少。道融倣張衡四愁詩之格局，述去貪嗔即無漏之義，道慈亦歌「三寶持聖德，滌心守眞空」之句。然全書中類此者殊罕見。萬葉集中多情思纏綿之作，(註十一)而本書則少艷情之篇，因漢詩當時主用於廟堂館閣，發乎情止乎禮義，非如和歌之情動於中，直舒胸臆也。

漢詩於日人爲外國文學，困於格律，拘於聲音，習之誠非易易。「懷風藻」成於隋唐文化輸入之始，醉心摹擬，作者輩出。片聯隻句，不無可稱，然不脫重滯之調。如高市麻呂之五言從駕云：

「臥病已白髮，意謂入黃塵。不期逐恩詔，從駕上林春。松巖鳴泉落，竹浦笑花新。臣是先進輩，濫陪後車賓。」

詩材既以應制寫景爲多，故刻畫字句，鮮動人之處。其使人迴腸蕩氣者爲大津皇子之臨終詩：

「金烏臨西舍，鼓聲催短命。泉路無賓主，今夕誰家向。」

皇子爲淨御原帝長子，狀貌魁梧，韶齡志學，博覽能屬文。惑新羅僧行心之奸言，自以非人臣相，朱鳥元年(唐嗣聖三年)謀逆被誅，時年二十四。(註十二)次爲藤原宇合之五言奉西海道節度使之作：

「往歲東山役，今年西海行。行人一生裏，幾度倦邊兵。」

宇合曾爲持節大將軍，平蝦夷之亂，轉西海道節度節使，仍掌兵柄。又曾爲遣唐副使，於養老五年（唐開元五年）入唐，呼吸偃武修文之思想，故有久戍思歸之感也。史稱其器宇弘雅，博覽群典，才兼文武，留心文藻，詩賦爲朝紳之冠冕，故「懷風藻」中收其詩六篇，爲數獨多。（其他大率一三首）復舉其一章：

五言遊吉野川

「芝蕙蘭蓀澤，松柏桂春岑。野客初披薜，朝隱暫投簪。忘筌陸機海，飛繳張衡林。清風入阮嘯，流水韻嵇琴。天高槎路遠，河廻桃源深。山中明月夜，自得幽居心。」

此殆「懷風藻」中之代表佳作歟。昔江戶大儒藤原惺窩由林道春得見「懷風藻」，欣欣然稱本朝之上代，不讓中華之人。前東京帝大教授岡田正之博士爲「日本漢文學史」亦謂「思想醇健，氣象敦樸，爲本詩集之特長。其至者可以竝漢魏匹隋唐。」又謂「余以爲淳樸之奈良朝詩，遠出炫弄技巧平安朝詩之上。」（註十三）此所謂以敬虔之意讀古籍，雖賢於喜謗前輩者遠甚，以云品藻藝海，進退古今，固未必爲定論矣。

附註

（註一）「續日本紀」神龜三年九月庚寅，內裏生玉來，勅令朝野道俗等作玉來詩賦。壬寅文人一百二十人上玉來詩賦。隨其等第，賜祿有差。盍簪錄云，「玉來靈芝之一名。」孝經援神契云，「王者德至草木則芝草生。」

（註二）見「懷風藻。」大學助教從五位下下毛野蟲麻呂有「秋日於長王宅宴新羅客詩序，」詳述其事。

（註三）見「續日本紀」

（註四）據日本詩紀別集，校以群書類從本。

（註五）四庫全書總目提要別集序之說。

（註六）林春齋之說云：「汝不知三船系譜乎，其父曰池邊王，池邊父曰葛野王。王即大友太子之子也。此書首載大友詩，題曰淡海朝皇子作。其傳曰，皇太子者淡海帝長子也。其傳末曰，壬申之亂，天命不遂。於是大友始洗叛逆之寃。且舍人親王同時，不知大友作詩，於此書始著於世。況又大友及葛野王傳所言，共是國史所不記也。非其子孫，則誰能知之。三船以文學與石上宅嗣齊名，鳴於當時。想夫避時嫌，雖不公言之，深憫大友爲天智嫡子，不幸爲天武所敗而被准叛臣，且其文才亦泯滅，而竊作此書，以遺於子孫。故記其年月，以匿姓名，使後人考而知之者乎。」

（註七）市河寬齋「日本詩紀」引用書目，懷風藻下作無名氏。平出鏗痴「懷風藻ハ淡海三船ノ撰トイフベキヤ見帝國文學明治三十一年八月號，及「鏗痴集」。

（註八）見「羅山文集」

(註九)「本朝通鑑」正編四十卷，林道春編。倣朱子通鑑綱目，以漢文記日本神代至後陽成天皇時之事。「大日本史」三百九十七卷，以紀傳體述日本神武天皇至後小松天皇時之史事，由源光圀安積覺等定其計劃體例，歷二百數十年始全書告成。

(註十)塙保己一武藏國兒玉郡人，博學能校正古籍。群書類從爲日本大叢書之一，初編收書一千二百七十種，續編收書二千一百三種。

(註十一)萬葉集二十卷，日本最古之和歌總集，大伴家持輯。

(註十二)清初正定梁維樞著玉劍尊聞卷七云「孫蕡爲藍玉題畫坐誅，臨刑口占曰「鼉鼓三聲急，西山日又斜，黃泉無客舍，今夜宿誰家。」詩與大津皇子詩極類。孫蕡死洪武二十六年，在大津後約七百年。疑大津詩曾輾轉傳至中土，而孫蕡襲其意爲之。然或屬偶合，亦未可知。

(註十三)見岡田正之教授「日本漢文學史」第一篇第六章。原書昭和四年九月，共立社書店出版。本篇考訂故實，多取其說。

四、圓仁與其「入唐求法巡禮記」

日本平安時代輸入中國文化重要名僧有所謂「入唐八家」，爲最澄，空海，常曉，圓行，圓仁，惠運，圓珍，宗叡。八人中最澄，空海，圓仁之貢獻尤偉。余曾記空海遊唐事，玆復勾稽圓仁事蹟，並略論其遊唐日記爲本篇。

一、圓仁傳略

釋圓仁姓壬生氏，日本桓武天皇延曆十三年（唐德宗貞元十年西元七九四），生於下野都賀郡。幼喪父。性聰敏，風貌溫雅。年九歲，其兄授以經史。同郡大慈寺有僧曰廣智，乃唐鑑眞和尚三傳弟子，德行該博，稱爲法嗣，遂專修內典。年十五，登叡山謁傳教大師最澄，教以止觀大定妙慧嶄然出儕輩上。有請止觀者，傳教輒令仁講授，已居傍聽證，率以爲常。弘仁四年，歲二十，逢官試得第。次年正月，受度持沙彌戒。七年於東大寺受具足戒。最澄寂後，益勤學修練，張講席於各地。仁明帝承和三年（八八六），受詔入唐請益。五年六月，隨日本第十八次遣唐使藤原常嗣西渡，時年四十五。遊唐十年歸國，大弘佛法，受文德，清和諸帝寵遇，尊爲傳燈大師，補天台座主，奏建總持院，爲天皇修供，授弟子以三昧。營常行堂，大整顯密之紀綱。建文殊樓，奠基以五台攜歸土石。日本天台宗創於最澄，而隆興大成之者實爲圓仁。清和帝貞觀六年（唐懿宗咸通五年西元八六四）正月十四日，寂於京都延曆寺，得年七十一。寂前一日，授密印灌頂於高足常濟。師風神溫穆，而堅毅內歛。著述極多，據赤堀氏所輯「日本文學者年表，」經疏私記凡九十四種百五十三卷。「金剛頂蘇悉地二經疏」七卷，「顯揚大戒論」八卷，皆奉勅刊行，而「入唐求法巡禮記」名亦著。論者稱其「身度滄溟，足踏靈窟，趁上智而飡其說，問碩學而窮其源，三密甚深之法，分涇渭以實傳，一乘圓通之致，振聾盲而無遺。」八年七月勅供法華經千部於總持院，贈謚號謂「故天台座主圓仁，慈襟不測，惠翅高飛。到五臺而問津，誠同刺頸；閉三密而弘教，業是埒華。轉大梵輪，正師子吼。朕昔以眇身，頻接慈眼，恨護持之俄隔，思崇餝而何窮，宜贈法印大和尚，仍謚號慈覺大師」云。事詳「慈覺大師傳」「三國佛法傳通緣起三」「元亨釋書三」，「本朝高僧傳六」及「華芳餘輝」等書。

二、入唐始末

仁明天皇元年，派參議藤原常嗣爲遣唐使，次年七月二日，四船同發。圓仁從行，遇險破舟，均折回。四年七月再發，遭逆風不果。至五年六月十三日，復於博多分登第一船與第四船，是爲三次首途。仁所著「入唐巡禮記」起於此日。六月二十二日放洋，風濤甚烈，飽歷艱險。唐開成三年（八三八）七月二日，抵淮南道揚州府海陵縣（今江蘇泰州）。大使由淮南節度使李德裕奏准入長安，圓仁請巡禮天台，留揚待勅許。其間曾就宗叡學悉曇，求得胎藏金剛兩部曼荼羅，諸尊壇樣，高僧眞影及舍利二十一種，經論章疏等一百二十八部，一百九十八卷。既而迎大使於楚州（江蘇山陽縣），而巡禮天台竟未得請。懊喪登使船就歸途。舟泊海州東海縣，仁偕弟子惟正，惟曉，水夫丁雄萬託詞潛行登陸，爲海州官府所知，受刺史點檢。適遣唐副使之第二船至海州沿岸，乃復護送之登船。四月十八日抵登州牟平縣海岸，巡禮記第一卷止此。

開成四年六月七日，舟泊登州文登縣赤山浦。赤山有新羅人張寶高所建法華院，僧侶三十餘人，日人居其七，圓仁聞之心動，復與大使告別，登陸投法華院。留院逾年，請於平盧節度使兼登州諸軍事押衙張詠。詠曾使日，心儀高僧，爲之左右，因得許巡禮五臺。乃於開成五年四月至登州北上，經青州（益都）、淄州（山東淄川）、齊州（歷城）、德州、貝州（河北清河治）、冀州、趙州、行唐，西北向太行山。五月十六日抵清凉山麓，巡禮記謂「嶺山谷裡，樹木端長，無一曲戾之木。入大聖境地之時，見極賤之人亦不敢作輕蔑之心。若逢驢畜，亦起疑心，恐是文殊化現，舉目所見，皆起文殊所化之想。聖靈之地，使人起自然崇重之心也，」自攄精誠如此，日記第二卷止於此。

圓仁四月二十八日望見中臺，伏地遙禮，不覺淚流。復跋涉西北東各臺，巡歷靈跡，參謁玄鑒，志遠等名師，呈延曆寺疑義三十條請解釋。鈔錄天台宗秘藉，得書三十四部三十七卷。留山中五十餘日，七月一日，攜靈石及獅子脚迹土爲紀念。拜別靈山，西向長安，經忻州，太原，河中府（絳州），於龍門渡黃河，穿朝邑，櫟州，（陝西臨潼縣北），開成五年（八四〇）八月二十三日，遂抵夢魂縈繞之大唐首都。請於左街功德使仇士良，被命居資聖寺。時長安名僧如林，聯鑣競秀。仁學兩部密法於大興善寺翻經院元政和尚青龍寺東塔院義眞和尚，問金剛界於青龍寺法潤，受胎藏儀軌於玄法寺法全；承止觀於醴泉寺宗穎。大興善寺文悟闍梨，大安國寺元簡闍梨，皆有所啓迪。復從南天竺寶月三藏重學悉曇，口受正音。得胎藏金剛兩部曼荼羅，諸尊壇樣道具等二十一種，蒐獲經論章疏傳記四百二十三部，五百五十九卷。會昌元年（八四一）八月，仁留唐已三載，三乘之理備詳，不二之門頓得，智逾衆人，學兼內外。乃上書功德使請歸國，不許。自武宗當國，排佛虐僧之舉，與日俱甚。會昌三年五月二十五日，牒諸寺澈查外國僧侶，仁具牒說明。巡禮記第三卷止此。

會昌三年七月二十四日，弟子惟曉卒，時痼疾已七月，仁爲籌殯葬，益感愴作速歸計。武宗之毀寺驅僧，以會昌五年爲極峯。圓仁亦以此時被命還俗，因得歸國機會。五月十五日發長安，信士楊敬之李元佐等餞之，依依惜別曰，「吾國敎法，隨和尚東矣」。元佐求其衲衣，頂戴以慰離緒。仁蓄髮易俗人裝，經鄭州、汴州（河南祥符）、泗州（安徽盱眙），而下維揚。復出楚州、海州、穿密州（山東諸城）、萊州（山東掖縣）而抵文登縣之勾當新羅所，留待便船。雖承張詠愛護，而屢更艱苦，終無歸航機緣。荏苒三載，至大中元年（八四七）九月，始乘新羅人赴日本船東歸。淨髮易緇衣，發赤山浦。九月十七日抵筑前博多，時日本承和十四年也。太政官檄太宰府迎仁速入京，仁乃獻幣帛於太山寺住吉大神香椎名神等，答謝天庥。巡禮記絕筆於是年十二月十四日。蓋自承和五年六月十三日起稿，至此凡歷九年七月，其在唐行踪所至，以今行政區劃考之，凡涉江蘇，山東，河北，山西，陝西河南，安徽七省。

三、入唐巡禮記之流傳與版本

入唐求法巡禮記四卷，爲圓仁遊唐日記。地涉兩國，時歷十年，雖不無間斷，而排比年月，次序井然。其書近年始大行。圓仁手澤本原藏延曆寺，今不傳。「慈覺大師傳」著於師入滅後四十九年，曾明著入唐事蹟，一依本記。北宋時入宋之成尋阿闍梨，曾以神宗皇帝命，於熙寧五年（西元一〇七二）獻上此書首三卷，見於其所著參天台五台山記卷四，是夙入宋祕閣中。日蓮上人之「立正安國論」，「叡岳記」及「元亨釋書徵考」之作者，均曾引用本書，是其流傳已久。今所存古鈔本有二，一爲京都東寺觀智院本，一爲池田長田氏藏本。東寺觀智院本爲日本正應四年（元世祖至元二十八年）兼胤法印書，第四卷有跋云：

「正應四年十月二十六日於長樂寺坊拭老眼書寫畢，任本寫之，後人以證本可校合耳。

法印大和尚位遍照金剛兼胤（七十二）記之」

又第二卷第三卷末書有「以寫本一校了，兼胤」，第四卷復有細字跋云「以寫本比校了，不審事注而已」，其左旁注「二位僧正寬圓本也。」兼胤法師事無可考，長樂寺在京都圓山，本爲天台宗寺，兼胤殆其主持。其校訂參證用寬圓僧正本，而所據原本則不可知。「叡岳要記」載建曆元年（南宋嘉定四年）法印寬圓重修元久二年焚毀之大講堂文殊堂，總持院及文殊獅子等。見於兼胤法印跋之寬圓僧正，殆卽此法印寬圓。建曆元年先於正應四年八十載，「二位寬圓僧正本」殆卽此法印寬圓所傳錄者。

兼胤法印鈔錄之正應四年（一二九一），爲圓仁寂後四百三十餘年，所謂鎌倉古鈔，日本人定爲國寶。大正十五年（一九二六）十二月由東京東洋文庫景印三百部行世，附有岡田正之博士所撰解說一卷共爲書五冊。

池田長田氏藏本卷末有文化二年（淸嘉慶十年）長海大僧都跋文云：

「文化二年二月十三日以比叡山飯室谷松禪院御本書寫畢。

慧日津金致寺住持法印大僧都長海」

津金寺爲信濃北佐久郡之天台宗寺院，是池田本乃長海大僧都借松禪院本鈔錄者，但今叡山松禪院本已佚。池田氏本時代雖晚，而較東寺觀智院本誤脫實少，其所本之松禪院本，或爲古鈔，在研究上亦可重視。

東寺觀智院本雖爲古鈔，其所據寫本，似多誤脫。以寬圓僧正本校正後，仍不少訛脫，復因衰齡鈔錄，字蹟抹糊，閱讀困難。意者圓仁手記，或已不免誤脫。今書中假借字極多，如「南詔」之書爲「南照」，「潞府」之畧作「路府」，「劉從諫」之書爲「劉從簡」是。開成五年四月二十八日至五月十六日登五臺山紀事，第二卷終與第三卷初重複，而文字互有詳畧，殆原稿或經刪削，而錄者傳爲異文。以輾轉傳寫，錯簡複出，往往有之。如第二卷開成五年三月五日仁向登州節度使請公驗狀，復見於同年二月十七日條。第二卷開成五年三月十四日紀事，前半後攙入十六日紀事，其後復出現二月二十九日三月一日二日紀事，其次復續以三月十四日紀事後半，及十五十六日事，是錯簡之最甚者。

池田長田氏本誤字較少，由第二卷開成五年三月五日上登州節度使請公驗狀不復出之點觀之，松禪院本與寬圓本及東寺觀智院本，似出二源。但錯簡有相同者，殆當初手錄原稿者之失檢歟。

巡禮行記直至近年始刊行。始則國書刊行會收入續續羣書類從中，繼則天台宗務廳文書課據池田本附錄於四明餘霞中。高楠順次郎輯大日本佛敎全書，收入遊方傳叢書第一，以東寺觀智院本爲本，校以四明餘霞中所刊池田本，及國書刊行會刊本。與校者辻善之助，和田英松，黑板勝美，藤田易諸氏，有大正四年六月三十日高楠順次郎跋。岡田正之氏曾爲箋釋，未成書而卒。

四、入唐巡禮記之史料價值

巡禮記歷時既久，所涉範圍甚廣，自兩國交通，以及大唐風俗儀式，官府制度，地方組織，政治措施，宗教問題，外交及國際戰爭，多據親見親聞，隨筆記錄，往返書簡牒文，亦多全文錄入，爲考當時公私書牘體式之一助。所記事實雖不無訛傳誤聞，而可以裨補史乘者實夥。日本古代旅行中國之外交官留學僧侶學生，人數雖多，而留有重要紀錄者爲唐時智澄大師之「行曆鈔」，宋時成尋阿闍梨之「參天台五臺記」，明時瑞訢和尚之「入唐記」，策彥和尚之「初渡集」及「再渡集」，與圓仁之書，並稱五大遊記，而規模之大，史蹟之多，實以圓仁書爲翹楚。

其所記事實，多有可資考史，裨補中土記錄之不足者。如卷四會昌五年四月條有云：

左右神策軍者，天子護軍也，每軍有十萬軍。自古君王頻有臣叛之難，仍置此軍已來，無人敢奪國位。勅賜印每中尉初上時，准勅出兵馬迎印。別行公事，不屬南司。今年(會昌五年)四月初，有勅索兩軍印，中尉不肯納印。有勅再三索，勅意索護軍印付中書門下令掌，相管軍事，一切擬令取相處分也。左軍中尉即許納印，而右軍中尉不肯納印，遂奏云，迎印之日，兵馬迎之，納印之日，亦須動兵馬納也。中尉意勅答許，卽因此便動兵馬起異事也。便仰所司，暗排比兵馬，人君怕，且縱不索。

此述武宗與宦官所領神策軍之暗鬭，武宗欲收官印，以軍權付宰相，而右軍中尉魚弘志隱謀拒命，其事遂沮。蓋雖武宗之英武，亦有無可如何者。時在仇士良死後二年，宦官勢退之時。新唐書仇士良傳記「武宗明斷，雖有士良援立之功，內實嫌之，陽示尊寵」，蓋不得已也。

會昌法難，天下所拆寺四千六百餘所，還俗僧尼二十六萬五百人，收充兩稅戶，拆招提蘭若四萬餘所，收膏腴上田數千萬頃，收奴婢爲兩稅戶十五萬人。摩尼景祆各教，亦牽連而滅，實爲宗教史上一大事。然唐人著作記其事者極少，蓋以武宗於會昌五年實行澈底滅佛，而六年三月卽服道士藥賓天，宣宗嗣位，立誅道士劉玄靖等，而復僧寺，朝野從此皆諱言其事也。舊唐書資治通鑑皆記其要領於會昌五年，然其事實發端於武宗嗣位之初。巡禮記所載特詳，茲輯錄其事如下：

會昌元年六月十一日，今上降誕日，於內裡設齋，兩街供養大德及道士集談經，四對議論，二個道士賜紫，釋門大德總不得着。南天竺三藏寶月入內對君王，從自懷中拔出表進請歸本國。不先諮開府，惡發，五日軍內收禁犯越官罪，故寶月弟子三人各決七棒，通事僧決十棒，不打三藏，不放歸國」。三月三日，李宰相聞奏僧尼條疏，勅下發遣保外，無名僧不許置童子沙彌。

十月九日勅下，天下所有僧尼解燒練呪術禁氣背軍，身上杖痕，烏文雜工功，曾犯婬養妻，不修戒行者，並勅還俗。若僧尼有錢物及穀斗田地莊園，收納官。如惜錢財，情願還俗，玄亦任勅還俗，充入兩稅徭役。勅文在別，城中兩街功德使帖諸寺，不放出僧尼，長閇寺門，僧眩玄奏自作劒輪，自領兵打廻鶻國，勅令彼僧試作劒輪，不成。又准宰相李紳聞奏，因起此條疏。其僧眩玄當誑隷僧尼財物，准勅條疏天下大同諸州府中書門下牒，行京城內化軍容拒勅，不欲條疏，緣勅意不許，且許請權停一百日內帖諸寺，不放僧尼出寺。左街功德使奏，准勅條疏僧尼，除年已衰老及戒行精確外，愛惜資財自還俗僧尼共一千二百三十二人，右街功德使奏，准勅條疏僧尼，除年已衰老及戒行精確外，愛惜資財，自願還俗僧尼共二千二百五十九人。

奉勅右街功德使奏，准去年十月七日十六日勅，條疏令還俗僧尼，宜依其愛惜資財，情願還俗者，各委本貫收充兩稅戶。向後諸道有如此色類，竝准此處分。所蓄奴婢，僧許留奴一人，尼許留婢二人，餘各任本家收管。如無家者，官爲貨賣。同衣鉢餘外資財收貯，待後勅處分。其尼僧所留奴婢，如有武藝及解諸藥諸術等，並不得留，不得剃髮私度，如有違犯，綱維知事錄報官。餘資產錢物等，各委功德使自條疏聞奏。會昌三年歲次癸亥正月一日。

二月一日使牒云，僧尼已還俗者輙不得入寺及停止，又發遣保外僧尼，不許住京入鎮內。

以上猶屬因事因人而發，雖事澄汰，未關本體。及韋宗卿撰疏受斥，而武宗滅佛之意以明。巡禮記云：

會昌三年六月，太子詹事韋宗卿撰涅槃經疏二十卷進，今上覽已，焚燒經疏，勑中書門下令就宅追索草本燒焚，其勑文如左：勑銀青光祿大夫守太子詹事上柱國光陰縣開國男食邑三百戶韋宗卿，參列崇班，合遵儒業，溺於邪說，是扇妖風。既開詼惑之端，全戾典墳之旨，簪纓之內，頹靡何深，況非聖之言，尚且禁斥，外方之教，安可流傳。雖欲包容，恐傷風俗。宜從左官猶謂寬恩，可任成都府尹，馳驛發遣。天子詹事韋宗卿進佛教涅槃經中撰成三德廿卷，奉勑大圓仰字鏡略廿卷，具已詳覽，佛本西戎之人，教張不生之說，孔乃中土之聖，經聞利益之言。而韋宗卿素儒士林，衣冠望族，不能敷揚孔墨，翻乃溺信浮屠，妄撰胡書，輒有輕進。況中國黎庶，久染此風，誠宜共遏迷聾，使其反朴，而乃集妖妄，轉惑愚人，位列朝行，豈宜不自愧，其所進經，內中已焚燒訖，其草本委中書門下追索焚燒，不得傳之於外。會昌三年六月十三日下

其滅佛歷程，見於記錄者如下：

會昌五年四月，見說功德使條疏僧尼還俗之事，商議次第，且令三十以下還俗訖，次令五十以下還俗，次令五十以上無祠部牒者還俗，第三番令祠部牒磨勘差殊者還俗，最後有祠部牒不差謬者盡令還俗，卽僧尼絕也。斯之商議，天下大同也。緣准勑行，故從四月一日起首，年三十以下僧

尼盡勅還俗，遞歸本貫，每日三百僧還俗。十五日年四十以下僧尼方盡。十六日起首，五十以下僧尼還俗。直到五月十日方盡也。十一日起首，五十以上無祠部牒者還俗，前年已來牒疏僧尼，即簡麤行不依本敎者，盡勅還俗，遞歸本貫。今年不簡高行麤行，不論驗僧大德內共奉也。但到次第，便令還俗，頻有勅問，已還俗者多少，未還俗者多少，催進其數。外國僧未入條疏之例，功德使別聞奏取裁。有勅云，外國僧若無祠部牒者，亦勅還俗，遞歸本國者。西國北天竺難陀在大興善寺，南天竺三藏寶月兼弟子四人，於中天成業，並解持念大法，律行精細，博解經論，在青龍寺，並無唐國祠部牒，新羅國僧亦無祠部牒者多，日本國僧圓仁惟正亦無唐祠部牒，功德使准勅配入還俗例。又帖諸寺牒云，如有僧尼不伏還俗者，科違勅罪，當時決殺者。八月記云，近有勅，天下還俗僧尼緇服，各仰本州縣盡收焚燒。恐衣冠親播，恃勢隱在私家，竊披緇服，事須切加收撿，盡皆焚燒訖聞奏。如焚燒已後，有僧尼將緇服不通出，巡檢之時有此包者，准勅處分者。諸州縣准勅牒諸坊諸鄉，收僧尼衣服，將到州縣，盡焚燒。又有勅令天下寺舍奇異寶珮珠玉金銀，仰本州縣收撿進上。又有勅云，天下寺舍僧尼所用銀器鐘磬釜鐺等，委諸道鹽鐵使收入官庫，錄聞奏者。

政令雖嚴，而河北以統治力弛緩，似未普及。

十一月記云，三四年以來，天下州縣准勅條僧尼還俗已盡。又天下毀拆佛堂蘭若堂舍已盡，又天下焚燒經像僧服罄盡，又天下剝佛身上金已畢，天上打碎銅鐵佛稱斤兩收檢訖，天下州縣收納寺家錢物莊園，收家人奴婢已訖。唯黃河以北鎮幽魏路等四節度，元來敬重佛法，不毀拆寺舍，不條疏僧尼，佛法之事，一切不動之。頻有勅使勘罰，云天子自來毀拆焚燒即可然矣，臣等不能作此事也。

閱此則武宗排佛滅佛之具體程序，與範圍結果，歷歷可知，信可補以正史之疏。僧侶于忍氣吞聲之餘，亦日造爲流言蜚語，以誣枉君相，動搖人心。巡禮記中所錄頗多，如記武宗與道士之關係則云。

會昌四年二月，駕幸右街金仙觀，是女觀，觀中有女道士，甚有容。天子召見入意，勅賜絹一千疋，遂宣中官令修造觀，便通內，特造金仙樓。其觀本來破落，今修造嚴麗，天子頻駕幸。」

會昌五年八月，有勅斷天下獨脚車，條疏後有人將獨脚車行者，當處決殺。緣天子信道士教，獨脚車攆破道中心，恐道士心不安歟；有勅斷天下豬黑狗黑驢牛等，此乃道士著黃，恐多黑色壓黃令滅歟，令近海州縣進活獺兒，未知其由。近有勅令諸道進十五歲童男童女心膽，亦是被道士誑惑也。

記武宗之宮闈緋惡則云：

會昌四年八月中，太后薨，郭氏大和皇后，緣太后有道心，信佛法，每條疏僧尼時，皆有詞諫，皇帝令進葯酒而葯殺矣。又義陽殿皇后蕭氏是今上阿孃，甚有容。今上召納爲妃，而太后不奉命天子索弓射殺，箭透入胸中而薨。

記武宗之馭下無狀則云：

會昌四年勅令兩軍於內裡築仙臺，高百五十尺，十月起首，每日使左右神策軍健三千人，搬土築造，皇帝切欲得早成，每日有勅催築，兩軍都虞候把棒檢校。皇帝因行見，問內長安曰，把棒者何人？長官奏曰，護軍都虞候勾當築臺。皇帝宣曰，不要你把棒勾當，須自担土，便交搬土。後時又駕築臺所，皇帝自索弓，無故射殺虞候一人，无道之極也。

於武宗之崩則記云：

會昌六年四月十五日，聞天子崩來數月，諸道州縣擧哀着孝訖，身體爛壞而崩矣。

是年五月一日記宣帝之立則云，「新天子姓李」，語尤冷雋。凡此記述，恐爲當時僧侶之計劃宣傳，非出圓仁一人之誣枉。蓋當時佛教勢力深入人心，而武宗李德裕等欲以數人之力抗之。故終於身敗名裂。宣宗即位，而政策一轉。以贊皇之智術勳業，而一蹶不振，蓋赤口燒城，排之者非止令狐綯崔鉉輩也。

（附記）案華籍涉及會昌毀佛事者，舊唐書武宗紀會昌五年八月有廢佛勅，李衛公會昌一品集卷二十有賀廢毀諸寺德音表。別見杜牧樊川文集卷十杭州新造南亭子記，及唐會要卷四十七，宋趙驎德候鯖錄卷二，可參看。

要之巡禮記雖訛傳誤聞，流言蜚語，彌望而是，而以時代之古，範圍之大，能適當勾稽參證，鑑別解釋，必有裨於治唐史者。昔梁任公氏論史料，致慨於我國四周民族，率多蒙昧，其著述能匡補我史實者甚稀，而以阿拉伯人阿布賽德哈散（Abuzaid Hassan）之「印度中國紀程」，及意大利人馬哥波羅之遊記爲鳳毛麟角。以巡禮記之性質與內容言之，固有過於二書者。

五、入唐巡禮記之文學價值

岡田正之博士爲「日本漢文學史」，頗推重圓仁之文學，謂其文筆不遜於菅原道眞，三善淸行，謂其尺牘有歐蘇手簡風，謂其紀事爲五大遊記冠冕。復稱其善和歌，選入「續古今」，「新古今」，「新拾遺」三和歌集。然圓仁似究心內典，不事詞華。留唐十年，客長安六載，終未見其接迹文士，究心風雅。「入唐新求聖教目錄」中記圓仁齎歸書雖有唐人詩文集多種，而仁之作品，則日華均無所傳。以視晁衡，空海瞠乎後矣。其歸國也，唐僧栖白贈以詩云：

家山臨晚日，海路信歸撓，樹滅渾無岸，風生只有潮，歲窮程未盡，天末國仍遙，已入閩王夢，香花境外邀，（見全唐詩）

仁當時飽歷世變，悲喜交集，感慨萬端，而答詞亦無聞。「巡禮記」爲文拖沓曼衍，重以訛奪，使人難于卒讀。其書雖傳，而久未刊行，入宋秘府，而一無反響，未必不以此也。其中偶有可觀者，如卷三記五臺風景云：

中臺者四台中心也。遍台水湧地軟，草長者一寸餘，茸茸稠密，覆地而生。蹋之即伏，舉脚還起步步水濕，其冷如氷。處處小窪，皆水滿中矣。遍台砂石間錯，石塔無數，細軟之草，間莓苔而蔓生。雖地水濕，而無淤泥，緣莓苔軟草，布根稠密故，遂不令遊人汙其鞋脚。奇花異色，滿山四開，從谷至頂，四面皆花，猶如舖錦，香氣芬馥，薰人衣裳。人云今此五月猶寒，花開未盛。六七月間，花開更繁云，看其花色，人間未有也。

又記山中平等供養僧俗之緣起云：

入此山（五臺山）者，自然起得平等之心。山中設齋，不論僧俗男女大小，平等供養。不看其尊卑大小，於彼皆生文殊之想。昔者大華嚴寺設大齋，凡俗男女乞丐寒窮者盡來受供。施主悄嫌云遠涉山坂，到此設供意者，只爲供養山中衆僧，然此塵俗乞索兒等，盡來受食，若供養此等乞丐，只令本處設齋，何用遠來到此山，僧勸令皆與飯食。於乞丐中，有一孕女，懷姙在座，備受自分飯食訖，更索胎中孩子之分。施主罵之不與。其孕女再三云，我胎中兒，雖未產生，而亦是人數，何不與飯食。施主曰，儞愚癡也，肚裡兒雖是一數，而不出來，索得飯食時，與誰吃乎？女人對曰，我肚裡兒不得飯，即我亦不合得吃，便起出食堂。纔出堂門，變作文殊師利，放光照耀，滿堂赫奕，皓玉之貌，騎金毛師子，萬佛圍遶，騰空而去。一會之衆，數千之人，一時走出茫然不覺倒地。擧聲懺謝，悲泣雨淚，一時稱唱大聖文殊師利，迄於聲竭喉涸，終不蒙迴顧髣髴而不見矣。大會之衆，飡飯不味，各自發願，從今已後，送供設齋，不論男女大小尊卑貧富，皆須平等供養。山中風法，因斯置平等之式。

此則奇景異蹟，自足驚人，無事刻劃，已成逸品。與其謂仁之文足傳，無甯謂其沈潛藏乘，頂禮名山其胸中丘壑，有不可及者耳。

六、餘　論

日本遣唐留學生學問僧，皆受中國朝野之優厚禮遇，體恤愛護，無微不至。名僧大德，以民胞物與之精神，宏有教無類之古訓。請業請益者，無不得其所欲以去。故最澄，空海等感念師門，至於沒齒，憧憬中土，如在天上。圓仁早歲成名，聲華藉甚，年逾不惑，桃李滿門，九死一生，蹈海東來，求法熱誠，無殊昔人，乃天台見阻，海州被放，匿迹島濱，因緣權貴，始得遂瞻禮五臺，遊學長安之宿願。旋遭會昌滅佛之厄，至於蓄髮易服，中懷如噎。目睹流言蜚語，君民睽離，政令怪誕，莫可究詰。未出國門，而毁佛之政，已聞反汗。朝令夕改，威信盡失。蓋自圓仁等歸。而日本之遣唐使遂不復至，而唐亦自此衰矣。周公修德而越裳氏來，文化領導，豈易言哉。

五、五代日僧巡禮五台之遺物

（跋擬盦所藏日本延長經桶）

此陽原李泰棻先生擬盦所藏海外銅器之一，民國二十八年得之於山西賈人，爲藏經桶，高五寸二分，口徑一寸五分，內爲銅質，外溜以金，重七兩。以多歷年所，金有剝蝕處。上有文曰「倭國椿谷椿山寺奉納三部經一卷，爲父母菩提敬白，延長三（乙酉）年八月十三日道賢法師。」延長爲日本醍醐天皇年號，延長三年即唐莊宗同光三年（西元九二五）。道賢號日藏，京都人，密教高僧。彼未嘗涖華，而此經桶發現於山西，故推定爲託五代時渡華日僧獻之五台山者。時逾千載，途遙萬里，出入鯨波蛟室，歷經人天刧

厄，雖經文不存，而款識釐然，蓋希世之瓌寶，亦論史之所資也。

一、道賢事輯

據大日本人名辭書，道賢平安人，諫議大夫三善淸行之弟。淸行曾爲文章博士大學頭，工詩文，明律算。延喜十四年（梁乾化四年），上封事，陳建議十二條，以直言蜚聲，論者以爲日本王朝時代第一雄文，不減賈董之策。（齋藤拙堂文話卷一）淸行生仁明帝承和十四年（唐大中元年），實長道賢五十餘歲，故疑非同胞，惟賢之系出名門，由此可知。道賢年十二爲僧，精研密宗，修通神明。性激

著「東國高僧傳」卷五記其事云：

釋道賢號日藏，京兆人也。十二歲出家於金峰寺，絕鹽穀，精修六年。聞母病，回京省母，因學密教於東寺。天慶四年（晉天福六年），尅三七日，斷食禁語修密法。忽喉燥氣絕，神遊至一窟，有神人以金瓶水飮之曰，我執金剛神也，常住此窟，護釋迦如來遺法。感師勤修，故往雪山取八功德水以解師渴爾。又有數十天童子，獻種種肴饍。神指之曰，此二十八部衆也。賢食已，一大德和尙携之上山。山積雪數千丈。及至山頂，下視世界，如現鏡中。山頂純金爲地，光明晃耀。其北有金山，中有七寶之座。和尙遂踞座謂曰，我名藏王菩薩，乃釋迦應化也。此處名金峰山。汝餘算無幾，宜早修善。賢曰，我固不愛命，但建一道場未就，未免有念，不知

尙可延否。和尙手書八字云：「日藏九九年月王護」，乃示之曰，汝在山谷修持，則延壽命。若居里閈，則當短促。日藏者所修尊法也，今依法故，可改汝名。九九者餘命也，年月者長短也，王護者加護也。賢雖聞是說，尙有疑，乃問於大政天曰，金峰菩薩賜八字，略蒙示誨，尙未盡知，願天解之。天曰，日者大日，藏者胎藏也。九九者八十一也，年即八十一年，月即八十一月也。王者藏王，護者守護也。言汝歸名大日如來，修胎藏法，延命八十一，即蒙藏王加護。又如說修行，則延至九九年，不然只九九月，故曰長短，今當易其名，始合尊旨耳，公乃易以今名。先是金峰菩薩令賢觀地獄，有一鐵窟，中有四人，蹲赤灰上，獄卒告曰，是汝本土之君臣也。中一人謂賢曰，我是日國金剛覺大王之子，由造罪故，今受此苦。汝歸本國，奏於王臣，爲我造一萬窣堵波，庶可免矣。於是經一十三日始蘇。後至老顏有孺子色，逝後無尸。

又虎關師鍊著「元亨釋書」卷九輯其傳云：

釋日藏，洛城人。延喜十六年二月，入金峯山椿山寺薙髮，時年十二。絕鹽穀精修六歲，聞母氏沉痾，始出山歸洛省覲。居東寺學密教，而往來金峯。天慶四年秋，於金峯山剋三七月絕食不語，修密供。八月一日午時修法之間，忽舌燥氣塞，欲呼人相救。又思己稱不言，豈得出聲。如是思維，氣息既絕，恍至一窟前。窟中有沙門，手執金瓶，傾出瓶水與藏飲，其味甘美。沙門曰，我是執金剛神也。常住此窟，護釋迦遺法。我感上人勤修，故忽往雪山取八功德水救師渴耳。又有數十天童子，以種種肴饍盛蓮葉捧持立。沙門曰，此諸童者二十八部衆也。與藏食，食已。一大德和尙來伸左手執藏手上西岩，其岩積雪數千丈，漸至山頂，一切世界皆在下面。山頂平坦，純金爲地，光明照映。北方有金山，山中有七寶高座，和尚坐其座，和尚曰，我是牟尼應化藏王菩薩也。此處曰金峯淨土，汝餘算無幾，早競修善。藏白言，我不愛命，但求佛道，然創一道場未成，以此爲念耳。不知安有增延乎。和尚取短札書八字賜之。其文曰「日藏九九年月王護」。和尚曰，汝在山谷勤修練得延命，居里閉必短促。日藏者所修尊法也，依法故可改汝名。九九者餘命也，年月者長短也。王護者加護也。汝亦以護法菩薩爲師，重受淨戒，又覲大政威德天，語在北野事中。藏問大政天曰，金峯菩薩賜短札八字，又少承註釋而未委，願天解之。天曰，日者大日也，藏者胎藏也，九九者八一也，年者八十一也，月者八十一月也，王者藏王也，護者守護也。言歸命大日如來修胎藏法者，延命八十一歲，即蒙藏王加護耳。又加說修行，延爲九九年，無懺懈怠，促成九九月，是菩薩所謂長短也。急替本名，可協尊旨。始名道賢，因此改今名，金峯菩薩令藏又見地獄，看一鐵窟，中有四人，其形如炭。一人衣覆肩，三人裸袒蹲赤灰上，獄卒告曰，是汝本土之君臣也。時有衣人招藏曰，我是大日本國主金剛覺大王之子也。受此鐵窟之苦。彼太政天神以怨心燒佛寺害有情，其所作罪報，我皆受之。彼太政天者營丞相也。宿世福力，今爲大威德天神。乃自說五罪曰，我受苦無量，汝歸本國，奏國主及宰輔，造一萬率都婆，拔我苦厄。藏凡過十三日蘇息，後移室生龍門寺，靈應甚多。適掘土得鈴杵，便知前身所持之道具。嘗詣松尾神祠，持念祈知權本，及三七日，暴風雷雨，四方杳冥，祠殿中有聲言毘婆尸佛，藏感敬而出。至衰老顏有孺子色，歸寂後無屍，人恠之。

贊曰，借冥嬌衆，不受感者鮮矣。是士君子智權識衡爲用之秋也。予見滿慶之入地府，法藏之上天界，非嬌衆之傳矣。日藏之神遊者，吾焉瘦哉，吾焉瘦哉。

據傳則道賢乃達磨式之高僧。彼於延喜十六年（梁末帝貞明二年）入金峯山椿山寺薙髮，年十二，是法師生於延喜五年（唐天祐二年）。獻經之歲年二十一，殆即聞母氏沉痾出山歸洛省覲時所爲。當日篤信佛教者，皆以寫經造像爲懺悔贖災之一途，吳越王錢弘俶曾以重病發願爲八萬四千塔，內藏寶篋印心呪經，頒行各地。敦煌石窟寺發見唐代寫經至夥，皆此種風氣之表現。道賢爲父母獻五寸經一卷，所謂「貧者一燈」，不遠萬里，致之靈山聖地，其孝思之篤，奉法之誠，由此可見。

二、獻經之地

經桶發現於山西，其原獻納地當爲五台。五台佛教傳說爲文殊菩薩顯現之地，與普賢菩薩顯現之四川峨眉山，同爲唐代佛教之靈場。華嚴經云：「東北方有菩薩住處名清涼山，過去諸菩薩常於中住。彼現有菩薩名文殊師利，有一萬菩薩眷屬常爲說法。」又文殊經云：「若人聞此五台山名，入五台山，取五台山石，踏五台山地，此人超因果聖人爲近無上菩提者。」隋末唐初華嚴宗日臻興隆，而長安東北適有具有五台之山，故緣附經說，以此山爲文殊菩薩之靈場。北天竺高僧佛陀波利於唐高宗儀鳳元年巡視此山，遇文殊菩薩所化之老翁，從其教歸西土，取尊勝陀羅尼來，譯布於長安。後復入此山，以終餘生。故當時佛教界遂喧傳爲靈山。於是建立淸涼竹林等十二大寺，堂塔伽藍，相繼成立。高僧大德，住此張法筵者頗多。唐室每年勅使齎衣鉢香花等施十二大寺，設齋營千僧供養，沿爲成例。一般僧俗亦極尊重此山，而巡禮此聖迹。唐室爲此等巡禮者建立普通院多處，施捨宿膳。所謂普通院者，不論僧俗均許來聚，故名。

日本平安朝渡華高僧，最喜巡拜者，天台而外，首推此山。如靈仙・圓覺・惠運・惠蕚・宗叡・圓仁・奝然・寂昭・成尋等，皆曾朝拜此山。日本貴游社會，受歸國學問僧之影響，亦尊信此山。或託入唐僧，或特遣使，施以袈裟寶幡黃金，以資供養。如仁明帝承和十一年（唐武宗會昌四年），橘皇后遣惠蕚以寶幡鏡奩施五台山，陽成帝元慶元年（唐僖宗乾符四年），濟詮入唐，日皇及諸大臣多捨黃金爲五台山文殊菩薩供養之資。是獻物五台，爲當日篤信佛教者共同心願。道賢以一介青年學僧，託法友萬里便呈，當日或僅能具一卷經。覩經桶之溜金刊字，其鄭重其事可知。

三、齎來之人

日本於寬平六年（唐昭宗乾寧元年），用菅原道眞議，廢遣唐使，然五代時高僧往來，仍時有之，詳核此時代渡華日僧之載記，則經桶之齎來者，似爲唐明宗天成二年正月來華之寬建一行。寬建爲奈良興福寺僧，延長四年因欲巡禮五台山，奏請渡海，許之。賜旅費黃金百兩，彼又欲得當時日本有名文士之詩集而行，因賜菅原道眞·紀長谷雄·橘廣相·都良香之詩九卷，並以小野道風之行草書各一卷付之，使流佈於中國。翌年正月，搭中國商船渡海。據「扶桑略記」，寬建同伴共十一人。寬建之外，有寬輔·澄覺·長安·超會四人。奝然於永觀元年（宋太平興國八年）入宋，在洛陽與超會相遇，得聞寬建等人之消息。據其「在唐記」謂寬建悶死於建州浴室，澄覺等於唐明宗長興中入京，詣五台山，遍歷諸方聖跡，又遊鳳翔·長安·洛陽等地。澄覺能漢語，講唯識論上生經等，蒙賜紫衣，授資化大師之號。寬輔在京弘瑜伽大敎，中國賜以弘順大師之號。洛陽本無眞言敎，自寬輔來傳密敎，授法灌頂至有三十餘人之多。案延長三年爲寬建一行入華之前一年。京都與奈良密邇，寬建一行出國前即以巡禮五台上奏，而遊侶衆多，其中且有精研密敎如寬輔者，與道賢同宗，而澄覺等又確曾到達五台。故假定此經桶爲澄覺寬建一行所攜來，揆之情勢，一無不合。

四，史料價值

五代時，吳越國與日本交通頻繁，而吳越王贈日本之書，無一傳於後世。寬建等一行博蒐東邦名家著作書法，欲以誇示於西土，昭同文之盛者，其結果亦一無影響。蓋以當日戎馬倉皇，學絕道喪，朝無右文柔遠之主，野乏博聞獵奇之彥，故不能如朝衡吉備受知於唐賢，寂昭若愚見賞於宋人。中日交通史料之缺乏，未有甚於五代者。睹此敦煌經桶，歷劫若新，實當日東西佛國聯繫之唯一象徵。海闊山遙，憫高僧之孤征；天長地久，信願力之不磨，撫今追昔，感慨係之。

附記

日本延長經桶爲新發現中日交通史物之一，已著錄於李革癡先生癡盦藏金續集（國立北京師範大學史學系考古室專刊之三，民國三十年十月刊。）兩年前先生得此器，命爲考釋，僅能言道賢事蹟而已。今春詳核五代時來華日僧史實，因得推定其獻納之地，與齎來之人。積年凝思，一旦冰釋。以語癡盦，同深快慰。因更爲此篇。先生獲此器於劫厄之餘，蓋所謂史眼如炬，神物知歸矣。

六、宋末李竹隱海外講學考

昔孔子嘗有道不行，乘桴浮於海之歎。扶桑一葦可航，故每當國家鼎革，禹域紛擾之秋，志士遺民不乏避地自全者。余讀源光圀大日本史氏族志，所記漢土歸化氏族中，或自稱周靈王之後，或自謂魯公伯禽之裔，以及吳王夫差、秦太子扶蘇、漢高祖、漢獻帝之胤，漢光武七世孫愼近王、燕王公孫淵、魏明帝、吳王昭淵、北齊高緯、隋文帝、唐汾陽王之子孫，無不託足東瀛，或以經史文理之學顯，或以百工技藝著。其所奢稱之門閥，雖未必可信，而生丁叔季，避難以東，如徐富之逃秦，等逢萌之避莽，則如出一轍。明之亡也，德川幕府方嚴逋客入境之禁，而淸人以異族君臨華夏，壓迫甚而流亡多，寄寓長崎者旣夥，輾轉以入日本內地者，仍不乏其人。其留名史策，於東土文化有重要貢獻者，大儒有朱舜水，高僧有隱元、木庵、即非，名醫有陳入德、戴笠、畫家有陳賢，詩人陶瓷家有陳元贇。宋末情勢，略同於明。宋史帝昺紀，記崖山覆師，陸秀夫負帝投海死，後宮及諸臣多從死者，七日浮尸出於海十餘萬人。亡國之慘痛至此，當日日宋間商業上宗教上有三百年之親交，中朝務柔遠人，齊民亦友海客，加以此時季候風羅盤針之知識，業已發見，東行如履坦途，商賈僧侶，往來不絕，遺民之蹈海以東者，當繫有徒。而中東載籍，絕少記其事者。余嘗求其故。蓋南宋日華交通以兩浙爲中心，日船偶有至泉州者。宋末任福建安撫沿海都制置使，兼提擧市舶之蒲壽庚，於景炎元年（至元十三年西元一二七六）十二月降元。壽庚自淳祐末提擧泉州市舶，擁舟甚多。一旦倒戈助敵，敗於陸戰之宋人，向恃舟師以自固者，至是遂形勢逆轉。景炎帝匆遽由閩走粵。壽庚海舶旣爲元人南侵之助，則自可以阻碍宋日間之交通。

考襄陽樊城之陷在咸淳九年（一二七三），次年十二月元伯顏率師大擧東下，宋帝詔天下勤王。而元軍與日軍戰於對馬壹岐，卽在是年十月。其後日宋間南北呼應抗元之勢，久而不變。弘安四年（至元十八年）元軍大擧攻日本太宰府之役，留日之宋僧佛光國師祖元，假託禪悟，以「必勝」鼓舞北條時宗，勇猛抗戰，敵愾同仇，由其語錄可知。據日本高僧傳卷二十一，祖元明州慶元人，曾任靈隱二座，台州眞如主持，四明天童首座，避元兵輾轉各地，白刃加頸，九死一生，而終於宋亡之次年（至元十七年）八月渡日，受執權北條時宗之皈依。當時宋遺臣欲得海外聲援之望甚切，故陳宜中往占城求兵，（宋史四一八），沈敬之亦往占城圖興復，（天下郡國利病書百二十），張士傑思得海外助力（見心史），其走安南者，於元軍入安南時，加入安南軍抗戰，（見安南吳士連大越史記全書卷五），與明清鼎革時馮京第、黃宗羲之乞師日本，朱之瑜之遊說安南，情勢略同。遺民鄭思肖心史大義略敍，一則曰「海外諸國懼韃垂涎，月貢金銀米帛充給朝廷軍需，爲屏蔽攻賊計。」再則曰「諸文武流離海外，或仕占城，或婿交趾，或別流遠國。」其聞元軍攻日覆師，至歡欣鼓舞，作元韃攻日本敗北歌，序謂「日本知大宋失國，擧國茹素。」（見心史）直至元末韓山童起兵，仍詐稱宋徽宗八世孫，其詔謂「蘊玉璽於海東，取精兵於日本，」蓋以宋廣王走崖山，丞相陳宜中走倭，託此說以動搖天下。（見葉子奇草木子卷三克謹篇）然則宋末在此種空氣下，以抗元避亂而謀渡日者，祖元而外，必有其人。

邇於日本佛教史研究之辻善之助博士，著「日華文化之交流」一書，曾指出元初叡山版法華經疏記一部爲弘安七八年宋人了一書，滋賀縣西明寺藏大般若經爲正應五年宋人普勳書，久原文庫藏大方廣佛華嚴經隨疏演義鈔爲永仁三年宋人智惠書，因知華人於宋元之交，渡日者非無其人，而書闕有間矣。以華南海岸線之長，蒲壽庚之力，決不能爲水上之嚴密封鎖。且景炎二年（一二七七）七月，張士傑乘蒙古軍離閩，急攻壽庚於泉州，圍之三月。元軍援至乃解。則此時日宋間之交通，更非壽庚所能過問。余讀九龍眞逸所輯「宋東莞遺民錄」卷下有李用傳云：

李用字叔大，邑之白馬鄉人。（據明一統志，按鄉賢錄作邑之獺步人。）其先南雄人。祖卓，朝議大夫，始居東莞。（琴軒集，梅外李公墓表，參鄉賢錄）父景宏，承事郎。（鄉賢錄）用少孤，事母極孝愛盡禮。雖盛暑，待母側未嘗去巾襪。德器凝重，造次必以規矩，鄙慢之氣不形也。初業科擧，及讀周程諸書，卽棄之。杜門潛心理學，非親友婚祭不出，如是者三十年，而踐履日益熟。士之從學者館無虛日，自號竹隱，人因稱曰竹隱先生。李昂英聞其賢，就見之。與語終日，用未嘗有懈容。昂英出語人曰，吾今乃見有道君子。嘗著論語解，究明伊洛奧旨，以溯洙泗之源。訓詁明白，便於講誦，學者傳習之。昂英進其書於朝，詔授校書郎。用曰：著書豈爲干祿計哉，不受而歸。又遷承務郎，以旌其高。所著論語解梓行天下。（黃佐通志）後憲使周梅叟諸公交口薦擧，復奏於朝。理宗特書「竹隱精舍」賜之。咸淳中提刑劉叔子命繪像祠於邑庠。（琴軒集參鄉賢錄）用安貧樂道，無所求於世。其誨生徒，貌肅色和，亹亹有序，人樂從之遊，以故多所造就。（通志）德佑二年（一二七六），用使其婿熊飛起兵勤王，而身浮海至日本，以詩書教授，日本人多被其化，稱曰夫子。年八十一卒。日本人以鼓吹一部，送喪返里。至今莞人送喪鼓吹號「過洋樂」，樂人皆倭衣倭帽以像之。（阮元通志）著有竹隱集。三子，長春叟，次得朋，別有傳。三松叟，號梅際，有文聲，早卒。（阮元通志參明張二果東莞志。）

輯者注謂「案用以德佑二年丙子（日本建治二年）浮海至日本，越三年祥興己卯宋亡，用在日本教授，人被其化。其卒當宋亡以後。蓋因宗邦淪喪，故栖身異域，不復返里也。」又謂一李氏族譜云，竹隱墓在交趾。此當喪歸後，子春叟遵遺囑往葬，蓋生不食元粟，死不葬元士之意，其苦節如此。」

竹隱集今已逸，傳題畫詩一首云：

「冬嶺秀孤松，松枝傲霜雪。不同桃李春，永抱歲寒節。」

蓋宋亡後之作。又附錄宋龍圖閣待制吏部侍郎番禺李忠簡公昴英（字文溪）寄贈竹隱李聘君詩云：

「圓沙有此隱君子，短褐枯笻自一邱。安樂窩中寬宇宙，逍遙游處眇公侯。逢人皆喜一無忤，於世何求百不憂。種德已深天必報，大兒玉立最清修。」

又宋寶祐二年進士，知肇慶府事，番禺蘇良字堯臣謁竹隱先生祠云：

千古儀型竹隱堂，此身雖晦道彌光。軒裳不入山林夢，塵土難侵氷雪腸。清影雅宜梅共瘦，高風堪與菊同芳。斯文一脉流傳遠，羞把庭槐祝二郎。

讀兩詩可見竹隱爲人風範。馮飛起兵勤王事，陳紀撰「故宋朝散郎簽書惠州軍事判官秋曉趙公行狀」及宋東莞遺民錄李春叟傳均詳記之。春叟傳之文云：

德佑二年，熊飛起兵勤王，赴文天祥麾下。春叟作詩以送其行云「龍泉出匣鬼神驚，獵獵霜風送客程。白髮垂堂千里別，赤心報國一身輕。劃開雲路衝牛斗，挽落天河洗甲兵。馬革裹屍眞壯士，陽關莫作斷腸聲。」及飛潰歸，駐兵於邑（東莞），邑士民多逃竄遠鄉。揭榜限三日回家，否則發兵戮之。春叟號哭諫飛，飛乃止。時群雄四起，乘時剽掠，以春叟故，多不忍犯邑，邑人賚以免患。

案熊飛起兵曾斬元將姚文虎，走黃世雄，梁雄飛，迎趙溍入廣，進復韶州。其後元呂師夔等將兵度嶺，飛巷戰死。事已不可爲，而春叟則頗與元吏委蛇，冀有所全。傳云：

歲丁丑（至元十四年）十一月，元張呂二帥克廣州。哨騎將及邑，衆皆危懼，春叟毅然與邑人張元吉走謁麾下，以死爭，事遂止。帥命春叟守邑，力辭不就。以元吉守之。邑人德春叟，繪像於竹隱祠同祀焉。自是絕意仕進，橫經講學，以道自任。……元初分司李僉憲禮春叟以賓師，公暇即造問政，其見重於時如此。晚歲隱居養高，年八十卒。

陳庚譽之爲「掉三寸舌，活百里數萬之衆。善類趨之如歸市，依之如長城。」（竹隱梅外二先祠堂記）竹隱次子得朋，善易，淳佑六年特奏進士，官從事郎，南恩州司法。宋亡不仕卒。遺老趙必瑑輓以詩云，「靖節有詩題晉號，德公無意入襄城。蓬鬢早因時事白，荷衣不受劫塵汚」。其風骨視乃兄爲峻厲云。

總觀上述，則宋末東莞李氏一門，爲守僉僂，以志士仁人悲憫之用心，謀挽狂瀾，翌贊光復。與望風而靡，偷生旦夕者，既殊其趣，與魯莽滅裂，一死謝責之流，亦不可同日而語。竹隱盱衡大勢，欲結海外之援，以其學識物望，白髮投荒，貞松自誓，如朱舜水之受鄰邦禮遇，情勢極爲可能。東莞容希白先生告予，過洋樂今日當地猶用之。番禺屈大均廣東新語卷九亦記其事，文與傳引通志文同。翁山明末志士，博學通才，獨步當時。番禺與東莞密邇。新語所云，必有所據。卽舊志所記，本諸採訪，例無虛文。似其事無容疑。然亦有可異者。道光廣東通志卷二百七十傳竹隱，綴「咸淳中廣東提刑劉叔子命祠於邑學」之文於傳末，則似非生祠而爲身後事。春叟弟子陳庚於庚戌年（元武宗至大三年）撰竹隱梅外二先生祠堂記，明初陳璉爲梅外李公墓表（均見宋東莞遺民錄附錄）記竹隱學行頗詳，而均不及其海外教授事。陳庚當元中葉，或有所諱。梅外墓表撰於易代之後，而亦略此孤忠盛業何耶。又竹隱在東邦既以學術傾動一方，則彼國必有遺蹟遺事，而日籍之言中日文化交通者，如源光圀大日本史文學傳，伊地知季安漢學紀源，岡田正之日本漢學史，西村天囚日本宋學史，木宮泰彥中日交通史，辻善之助日華文化之交流，秋山謙藏中日交涉史研究，安井小太郎日本儒學史，牧野謙次郎日本漢學史，竹林貫一漢學者傳記集成等書，均無隻字及其行誼。故桑原騭藏教授著「蒲壽庚考」曾據廣東新語引「過洋樂」事，而亦未敢斷言其事之有無。余於東國文獻，多方蒐求，終無所獲。去歲曾函詢靜岡高等之木宮泰彥教授，今春復面詢久任日本國史編纂所所長之辻善之助博士，兩氏爲今日此方面研究之最博洽者，著書滿家，均稱於此人無所聞知，其事殊不可解。

「甲子夜話」卷五十七稱博多聖福寺開山千光禪師（榮西）入宋歸國時，宋人多隨來者，因於聖福創立時（宋慶元元年）使住境內。其子孫繁殖，皆業歌舞伎，亦有往他國者。又「本朝高僧傳」卷二十辨圓傳稱「壬寅（淳祐二年）秋宋人謝國明建承天寺於博多，延爾爲主。有智山徒衆嫉爾禪化，欲毀承天寺，執事聞於朝，寬元癸卯（淳祐三年）勅昇承天爲官寺。」又云「寶治初（淳祐七年）承天寺火，爾如關西，謝國明驩其來，一月中建諸堂十八宇。」查博多屬九州福岡縣，宋元間爲中日交通主要港，與明清時之長崎類。長崎有唐人街，而博多當日有宋人所建寺。則流寓者殆非少數。竹隱渡日當必定居於此。歌舞伎爲日本固有演劇之一種，流寓博多之宋人既多業此，則所謂以鼓吹一部送其喪歸流衍爲東莞之過洋樂者，亦可得一旁證。余憾兩度東遊，未能弔古博多，就地以求遺跡，又恨不能躬赴東莞，一觀過洋樂之究竟，查其所謂倭衣倭帽幷樂律與歌舞伎之關係。以所得資料考之，竹隱東渡，其事無可疑。扶桑文獻之缺乏，或以當日棲遲島澨，聲名不出於里巷。中土記述之疏闊，或以遭時多忌，子孫務隱晦其行迹。陳庚之祠堂記謂「祠竹隱尊其道，祠梅外感其功。竹隱之與梅外，不同者時也，其道未嘗不同」似於竹隱之一瞑投荒，與梅外之委曲求全，隱約爲調停之詞者。陳璉生當明初，去竹隱雖將百年，惟太祖方嚴海禁，不許寸板下海，列日本爲不征之國，則其不以海外講學爲重，亦無足異。

中國文化影響日本精神最深者，爲宋代之理學。德川時代三百年中，官學奉朱子學爲中心，與元明以來中國學風無殊。言宋代理學之東渡者，或以爲始於日僧俊芿，禪師於宋寧宗慶元五年（日本正治元年）來華，留十三載，嘉定四年（西元一二一一）歸國，佛典外齎歸有儒道書籍二百五十六卷。伊地知季安「漢學紀源」以爲俊芿至四明爲朱子卒之歲，其歸國則劉爚刊四書之年。故推測二百餘卷儒道書中，當不乏理學家著作。次則日僧圓爾辨圓稱爲聖一國師者，於宋理宗端平二年（一二三五）西來，淳祐元年（一二四一）東歸，攜歸書目有朱子大學或問，中庸或問，論語精義，晦庵集註等書。至華人與理學東傳有關者，則理宗淳祐六年渡日有蜀人道隆，元世祖至元十七年（一二八〇）渡日有明州人祖元，成宗大德三年渡日有浙江台州人甯一山，均著名禪僧。宋元理學本爲禪儒之合體，故祖元，一山皆以兼通儒釋稱。若竹隱之浮海，實爲緇徒外華人傳理學於扶桑之第一人。其聲施雖不如朱舜水，而耿介之操，貞固之節，遭際艱屯，流離轉徙，無時無地，不以淑世淑人爲念，則二人初無二致。此亦學術史上一重要公案，故望海內外博雅君子，匡余疏失，俾能究明眞相，傳爲定論也。

附記

輯「宋東莞遺民錄」之九龍眞逸爲清季東莞人陳伯陶，字子礪，進士第三人及第，授編修，仕至江蘇提學使。鼎革後不復出。賃廡九龍。自號九龍眞逸。別輯有「勝朝粵東遺民錄」四卷附一卷，「東莞五忠傳」二卷。梁任公許其書謂「搜采至博而斷制至嚴，可謂良史。又謂其盡力鄉邦文獻，巋然不愧古作之林。」

余治中日交通史，欲以中土文獻彌補東籍之疏，故於沿海各省方志，留意翻檢。二年前曾於廣東通志見過洋樂事，檢之東籍無證，初以爲齊東野語。後由瞿兌之先生養和室隨筆知屈大均廣東新語亦記此事，乃爲「理學東渡與李用」一短文，刊於國立編譯館館刊一卷一期，依據寡薄，僅提示此問題之輪廓而已。其後承澳門友人寄示「宋東莞遺民錄」，竹隱在國內關係文獻，因以大明。復由「甲子夜話」及「本朝高僧傳」辨圓傳，知博多宋人與歌舞伎關係，因重訂爲本篇。今所待者惟海外遺蹟遺事之發見耳。

民國三十一年十二月二日

七、元代日僧邵元在華所撰碑

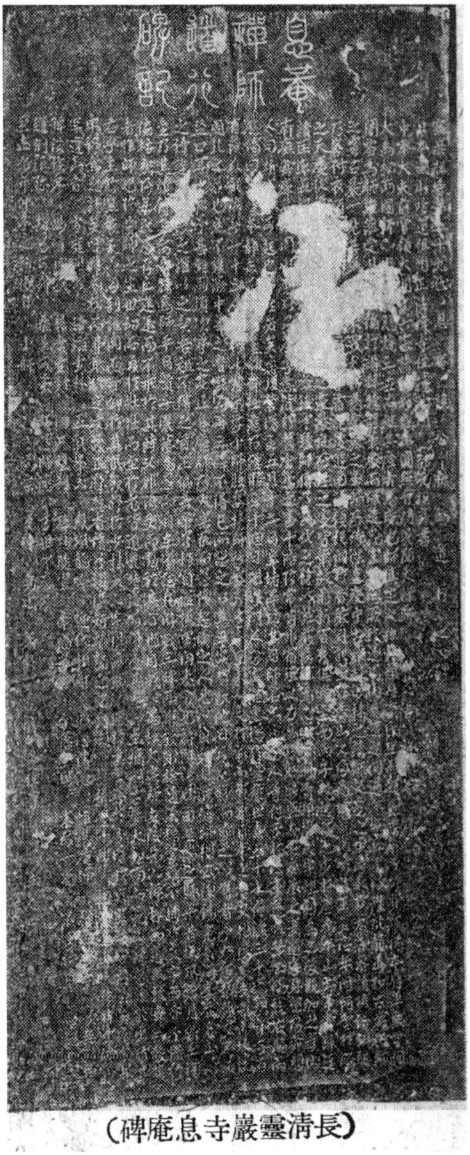

（長清靈巖寺息庵碑）

留學日僧，撰碑於中國，始於空海之「惠果阿闍黎碑」。空海於唐德宗貞元二十年（西元八〇四）渡華，受密教於長安青龍寺高僧惠果。受法畢而師卒，空海為撰碑文。然其石迄未發現，中土亦無著錄者，僅見於日本所傳弘法大師集中。其文情詞懇摯，為考密教東傳重要文獻。惠果三朝國師，四衆皈依，門下龍象輩出，空海之作，繁縟不甚合金石文字體。當日曾否刻石，不無疑問。葉昌熾語石卷八記入元僧邵元所撰碑有云：

中國石刻而異域之人書之，惟長清靈巖寺讓公禪師碑。據寰宇訪碑錄但云，至正元年日本國僧邵元撰行書。余得一精拓，詳繹之，其首題日本國山陰道但州正法禪寺住持沙門邵元撰並書。邵字雖微泐尚可辨。即以訪碑錄證之，後至元五年有貢副寺長生供記，比邱邵元撰正書，又新撚玉佛殿記沙門邵元撰書者普昇也。至正元年有少林寺息庵禪師碑，亦邵元撰，疑皆即一人。以島國比丘，而金石文字流傳於中土者有四刻。扶桑朝旭，此其曈曨之兆矣。

案寰宇訪碑錄所云，「貢副寺長生供記」，「新撚玉佛殿記」均據浙江鄞縣范氏拓本入錄，其原石所在不明。嵩山少林寺邵元碑，由塚本靖博士首介紹於日本。攝入常盤大定關野貞合編之「支那佛教史蹟」第二冊第一三四頁。又收入二氏合編之「支那文化史蹟」第二輯第九十四圖版。其文云

河南府路登封縣嵩山祖庭大少林禪寺第十五代住持息庵禪師行實之碑

日本國山陰道但州正法禪寺住持沙門邵元撰轉經比丘藏□□□書丹

中奉大夫前管領大開元一宗諸路都宗攝元照普門光顯大禪師益吉祥篆額

曹洞玄旨，調高和寡，續其斷弦者投子也。青州正派，源遠流長，揚其頹波者雪庭也。扶竪祖庭之

凋零：重整宗綱之將墜。故爲其兒孫者。皆箕裘之業相繼，跨竈之器自全。雪庭三世有息庵老人者迺眞定人也，諱義讓，姓李氏，生而穎異，志氣不群。壯歲禮本府華嚴寺相闍黎爲師，薙落受具之後，投於講寺，聽習華嚴。遂遊燕趙之間，遍參宗匠。末後往封龍山扣古巖之室，古巖一見甚稱賞之。未幾古巖應靈巖之舉，師乃侍往。皇慶中古巖赴少林之請，師又隨之。巾侍數載，晨昏參請，機緣相契，乃密付衣頌，使續洞山宗風，且令掌書記。後遊南陽，領紀綱於香巖，司記室於香山。又歸嵩陽，首衆於法王。至治二年，開堂於洛陽之天慶，次遷熊耳之空相，住泰山之靈巖，凡所住之處，革故鼎新，百廢俱舉，至元丙子之秋，適嵩之少林虛席，本山知事齎疏迎請。住持五載，玄風大振，聲名藉甚，學徒雲臻。師傳道揚化之餘，以莊嚴法社爲心，故鳩丹青，粧鑾殿宇，祖刹爲之改觀。加之寺內廊廡幷庄園水磨，所有房宇，悉皆修整，倉廩之蓄，十倍於常。苟非宿殖之力，焉有如此盛者歟。庚辰之夏，遘疾彌留。乃命門人曰，斯疾不可起也，吾往必矣，急須營塔。至五月十二日，塔頗畢工，其日師召知事門人等，付于後事。遂索筆書偈訖，右脇而逝。偈曰，來時本靜去亦圓周，虛空作舞，任意優游。至十四日，闍維門人分靈骨重塔於靈巖。世壽五十七，僧臘三十六。門弟子百有餘人。嗣法者一十二人。其秋七月，參學小師勝安携師行實，不遠千里來淮之寶林敬禮泣告開元宗攝損庵老師曰，少林住持於五月十二日順世，茶毗訖，大小知事令勝安特來乞文刻於石，伏望和尚慈悲。老師曰，自愧實負霜橙，已在年邁。去此不遠，有日本國古源上人，豁達之士，汝可往哀懇求之於文。於是安遂依老師指揮，過余索記，且曰，公在先師會下久矣，實知師者也。作文以光揚其道，非唯不忘舊日道義，抑亦不虛宗攝老師誘引之意也。余復命曰，文字之學，非我所知。矧少林老師，道德與嵩少爭高，巍巍乎吾無以間然。又跋涉千里，意在明珠而得魚目歸可乎。撫已缺然。固辭不可。不得已而焚香稽首，綴染短翰，繫之以銘。銘曰。新豐一曲，迥絕追尋，格外玄旨，罕逢知音。雪庭間出，續焰少林。五乳峰下，鳳翔龍吟。遞代相繼，以心傳心。推息庵師，耀古騰今。吹無孔笛，彈沒弦琴，妙旨回互，暗度金針。四尸望刹，接物隨宜。舉唱宗旨不落今時。末後一著，不勞佇思。踏翻大海，趯倒須彌，劫石可碎，太華可夷，師道師德，萬世不衰。至正元年三月吉日立石

案少林寺在少室山陰五乳峰下，距偃師車站約七十五里，創建於北魏孝文帝太和二十年(西元四九六)，歷經興廢，唐初以寺僧志操等助太宗拒王世充，賜地四十頃。其寺因地勢之高卑，有上方下方之稱，都一十二院。東據嵩嶽，南面少峰，北依高嶺，兼帶三川，聳石巉巖，飛泉縈映，松柏蕭森，桂羅扶疏，壯婉清虛，爲千數百年古刹。有達磨面壁之初祖庵，有菩提流支譯經處，有跋陀禪師宴坐所。元初雪庭禪師總領釋教，受宮庭之知遇，抑道教全眞派之氣焰，復興少林，稱爲開山裕公，而息庵則其

三傳，在洞門法系中稱爲天慶義讓。息庵禪師碑在少林寺天王殿外右方列碑中，爲住持無爲法容等立，圓首內容大長方形額，上及左右浮彫寶相花文。碑身周緣亦同繞以寶相花文，具纖巧優雅之風，額內篆書「息庵禪師道行之碑」八字，陰文。（以上略據常盤著「支那文化史蹟解說」第二卷）

山東長清靈巖寺邵元所撰碑，著錄於淸金棨編泰山志卷十八。（書經始於乾隆六十年，告成於嘉慶三年）其文剝蝕脫落，不可卒讀，兩年前余見一舊拓於友人柯燕舲先生魯學齋中。以校泰山志所著錄者，各有短長。更核以少林寺碑，知兩碑同記息庵禪師，末銘文亦全同，而記事互有詳略。茲以魯學齋拓本爲底本，校正全文如左。（凡剝蝕不可知者作「□」，拓本剝蝕據泰山誌文校出者字外加「•」據少林碑校出者字外加「、」。）

靈巖寺第三十九代息庵公禪師道行之碑

日本國山陰道但州正法禪寺住持沙門邵元撰幷書

中奉大夫前管總領大開元一宗諸路都宗攝圓照普門光顯大禪師　益吉祥篆額

大萬松兩國師下有□□總統三世而繼其燈者息庵也。師正定人，諱義讓，姓李氏，生而穎異，志氣不群。壯歲禮本府華嚴寺相闍黎爲老師，薙落受具之後，徧於講肆，聽習華嚴，而深造毘盧□海。厥後遂周遊燕趙之間，遍參宗匠。末後往風龍山，扣古巖宗師之室，古巖一見，甚稱賞之。未幾老師應靈巖之學，師乃侍往。皇慶中古巖赴少林之請，師又隨之。巾侍數載，晨昏叅請，機緣相契，乃密付衣頌，使續洞上宗風，且令掌書記。後遊南陽，領紀綱於香巖，司記室於香山。又歸嵩陽，首衆于法王。至至治年間，開堂於洛之天慶，次遷熊耳之空相，住泰山之靈巖。凡所住之處，皆革故鼎新，百廢俱舉。至元丙子秋，適嵩之少林虛席，本山知事賫疏延請，匡率五載，玄風大振，聲名藉甚，學徒雲臻。師傳道揚化之餘，以莊嚴法社爲心，故鳩丹青粧鑾殿宇，祖刹爲之改觀，加之寺內廊廡倉庫並莊園水磨，所有房宇，悉皆修整，倉廩之富，十倍於常，苟非宿殖之力，焉能如此盛者歟。庚辰之夏，遘疾彌留，乃命門人曰，斯疾不可起也，吾往必矣，急須營塔，至五月十二日窣堵畢功，其日師召知事門人等，付干後事，遂濡筆書偈訖，右脇而逝。偈曰，來時本靜，去亦圓周，虛空作舞，任意優游。至十四日闍維門人分靈骨，重塔於靈巖。世壽五十七，僧臘三十六，門弟子百餘人，嗣法者一十三人。其秋七月，參學小師勝安携師行實，不遠千里來乞文於我，而我適日本之産，又非陳良去楚，而北悅周孔之道也，然不獲厥中華之魯奈公再三辭不得已而諾之，以應乎實於說，他日有荊舒而我之以膺者，予如何哉。雖文不美，蓋口耳也，亦不甚難而須次第之實，且息庵師乃大宗匠而道價超倫之人也，以至□自脫俗師相公後，錫飛寰海，學歷名山，以之續達磨□後之燈，以之契吾祖不傳之旨，正偏兼學，了惟自縱橫黑白未分也，許誰得妙。由是論之，師平昔梳風鏤月，斲玉淘金，乃其續餘耳，何奇特焉。師平日貴乎灑落爲道，而自在不拘，凡遊戲三昧而縱放取捨隨流穩當，雖不拘於文字，而亦不墮於偏枯，然所居之處，存亡進退而不乖於其時，又非得失而動於其心也。自我　萬松大宗師去後，天下禪林而道風鼓舞二嚴獲者惟師也，於是師之生世幼而至於壯，壯而至於老，皆道豐時盛，而得遂其志，以至嫡嗣古巖大和尚，而天下禪老誰能出於其右乎。主修於靈巖，天下名刹，誰閗而不仰於其風歟。終於少林。天下宗風誰敢不偃於其草歟。今分塔於洛靈巖，可謂至矣廣矣，而甲終焉之計矣。吁雖我拙而弗敢作之文，故盥滌焚香稽首綴染短翰繫之銘。銘曰，新豐一曲，迥絕追尋，格外宗旨，罕逢知音，雪庭間出，續焰少林，五乳峰下鳳翔龍吟，遞代相繼，以心傳心，惟息庵師，耀古騰今，吹無孔笛，彈沒弦琴，妙旨回互，暗度金針，四尸望刹，接物隨宜，擧唱宗旨、不落今時，末後一著，不勞佇思，踏翻大海，趯倒須彌，刼石可碎，泰華可夷，師道師德，萬世不衰。

至正元年仲冬之新復日　小師覺宗，覺際，覺遷、覺彰，覺猷，覺楝等立石

清亭石匠張克讓等鐫

據常盤大定著「支那佛敎史蹟評解」卷一稱，明治四十一年（光緒三十四年）桑原隲藏氏曾蒐得原碑於靈巖寺墓林東南隅，但常盤氏於大正十年秋蒐求於墓林內外，終未發見。客夏予過濟南，欲求一舊

拓無所得，惟一老碑賈云，原石固在。（右文較泰山志所著錄增補九十四字，訂誤三字，略可閱讀云。）

泰山志著錄文後附考云，

右碑連額高六尺，廣二尺四寸，篆額題息庵禪師道行碑記八字，徑二寸，分四行。文二十六行，行四十九字，行書，徑八

（長清息庵禪師墓塔）

分，文爲日本印元撰書。中奉大夫圓照普門光顯大禪師益吉祥篆額。中奉大夫乃文散官從二品階，僧職之有官階者僅見此碑。日本在宋時屢以僧來通貢。元世祖至元間，嘗遣使持國書往諷其來朝，不應，加之以兵，喪師而還。成宗大德三年遣僧寧一山者加妙慈宏濟大師附商舶往使日本，而日本人竟不至。史傳所紀止此。則是終元之世，未嘗有日本僧來也。自大德三年至至正元年，越四十三年矣。此印元僧或自慕

中華釋敎之盛附舶訪道而來，非奉國王使命也。然旣駐錫中土，自必上聞於朝。史何以不書其事。蓋無關國典之重，不登於記載，則後之作史者，無從考稽矣。印元之住山陰道但州正法禪寺，自係日本之舊刹。其在中國不知住何剎宇，不自叙其所住之處。但云小師勝安，不遠千里乞文，大約不出大都燕京諸處也。海夷方外，不必論文字之工拙，然大致亦與中土相同，書亦流動有法。仲冬新復日者，冬至也，用字亦不多見。

案此碑撰者之爲邵元，核以少林寺碑正書題款，確然可知，寰宇訪碑錄及泰山志作印元者實誤。惟日僧確有名印元者，曾於文保二年（元延祐五年）入元，嘉曆元年（元泰定三年）回國，事詳師蠻著「本朝高僧傳」卷三十二。至本碑作者邵元事則見同書卷三十，文云：

釋邵元號古源，俗姓源氏，越前人。初侍南山雲公，後依雙峰源和尙，遂承密契。嘉曆二年（元泰定四年）入元，見樵隱逸於雪峰，問法呈偈。去登天台，禮無見覩，以語未通，疏筆來意，覩誦呵曰，儞有什麼閑工夫，至如此語玅，激發誘誨，至方廣寺度石橋，供茶羅漢，感甌中現華。謁斷崖義於天目，參千巖長於龍山，就需法語。長劈胸一拳曰，吾者裏無法語。元曰，謝和尙法語。後每見元，竪拳示之，因有所啓發。禮中峰國師塔，投宿塔下，夢國師親爲說法。擧敎中云玅性圓明，離諸名相，元感激不已，留數日去，遊五臺山，見聖光接身，人皆驚異。元在玉泉少林版首。寓二祖庵

（魏高僧慧可故居，在鉢盂峰上），菴上常有紫雲作蓋。人怪跡之，唯見元宴坐。會朝廷選僧百員，禁中轉大藏，元預焉。後居水月，閱大般若經。忽夢母氏，因燃指誓曰，我母若存，則身心康安，亡則超昇樂土。在元二十一年，以本朝貞和丁亥（元至正七年）而歸，母已去世。計其日乃現夢之時也。依夢窗國師，居天龍前堂。貞和三年住洛（京都）之大聖，一香供雙峰，次移等持東福及播（磨）之法雲。丞相藤公請再住東福，指門曰，此門廣大，含容法界，是聖是凡，出入無礙。喝一喝曰，汝等諸人爲什麼在門外上堂，我本無心有所希求，今法王大寶自然而至，所以道，欲識佛性義，當觀時節因緣。時節旣至，其理自彰。直得慧日峰頭，嫩桂抽枝，偃月橋邊，淸風帀地。祖師心印，一印印定，古佛家風，八字打開，一一靈明天氣，物物現成受用。祖道大行，王道大統，山蒼蒼，水茫茫，但見皇風成一片，不知何處立封疆。退休南泉菴。貞治三年（元至正二十四年）十一月十一日因病書偈曰，末後一句，始到牢關，擊碎鐵壁，踢倒銀山，呵呵呵，書訖告寂，世壽七十。元號如如道人，又稱物外子。（原注云據東福第二十五世古源和尙傳，延寶傳燈錄第十二，和漢禪刹次第五山傳，五山歷代扶桑五山記第五）

據此則邵元之性行身世，約略可見。彼所居之正法禪寺在日本出石郡合橋村，今已不存。渡華留至二十一載之久，遍歷江南名刹，遊日僧久已絕迹之五台山，參與大都百僧之轉大藏經，聲華素著，故被推撰義讓碑也。靈巖碑所記義讓禪師性行較少林碑為具體生動。後幅馳騁議論，語序尤饒日本漢文氣息，與少林碑之簡潔明淨者不侔，故余以為靈巖碑之書法文字均代表邵元之本來面目，少林碑為他人所書，其文字或曾經潤色刪正也。

靈巖寺在山東長淸縣南九十里明孔山陰方山下，為苻秦時代竺僧朗說法地。元魏太武廢佛，孝明帝時由法定復興。至唐初慧崇主持，盛極一時。宋代瓊環重淨大事興造，與天台之國淸寺，荊州之玉泉寺，金陵之棲霞寺並稱天下四絕之名刹。明末漸衰，至淸而復興，寺自宋熙寧庚戌（西元一〇七〇）為十方叢林，三年後雲門宗仰天元公來任住持，始為禪刹。其後經二十代，至金明昌七年（西元一一九六）有臨濟宗名僧廣琛來。迄元代曹洞宗大師多居之，與嵩山少林寺有密切關係。總合泰山志所錄寺中重要碑記其沿革如此。息庵禪師在靈巖為三十九代，在少林為十五代，龍吟虎嘯，大振宗風，其事蹟卓然可傳。邵元兩碑以內容言，亦不失為佛教史上重要文獻。

元主中國為日華關係最陰鬱時代。然元世祖之東征，源於好大喜功者半，源於假手剪除異己之謫謀者亦半，故浮海之軍，或徵自江南，或發自高麗，而粗雜劣旅，實非主力。覆師以後，雖屢議再舉而遇諫輒止者，固國力有所不及，亦以創未痛心，情乏敵愾也。及成宗遣甯一山東行，已有息事甯人，解鈴繫鈴之意。而日華間隋唐宋以來歷七八世紀所構成商業上宗教上文化上之親密關係，實非一二人煽動之短時戰爭所能斷絕。故元日間商船自至元十四年（西元一二七七）至至正二十四年（西元一三六四）間，實絡繹不絕。天龍寺船之定期貿易，在日受幕府之保護，在元得市舶司之承認，蓋等於今日締有正式商約之國家。兩國僧侶往來，尤爲頻繁。據木宮泰彥氏「中日交通史」，元禪僧之渡日其留名史籍者得十三人，入元日僧可知者達百四十餘人。泰山志作者僅據元史日本傳，謂終元之世，未嘗有日本僧來，蓋甚遠於事實矣。日僧入元時，多携其師之語錄詩文集等，訪中國名衲碩學作序跋行狀塔銘。木宮氏舉所見者得二十餘種。如佛光禪師塔銘爲翰林學士揭傒斯撰，竺僊和尚塔銘爲翰林學士危素撰。尤其著者。而日僧百數十人中，在華撰碑者，邵元外無所聞。夫以少林靈巖之名刹，息菴之大德，志墓之文，何求不獲，而屬之海外遊僧。邵元文行之爲時所重，固可想見。而善善從長，遠而彌親，罕而見珍，損庵宗攝及兩寺主持者之雅量胸襟，殆不可及也。古源師憧憬於「風成一片，不知何處立封疆」之境地，意者當時少林靈巖之名衲，不乏具此識度，與師心心相印者乎，誠治國際文化交通史者所樂聞也。

附記

兩年前暑中閱膠州柯燕舲先生魯學齋所藏石刻拓本，先生慫慂考釋日本邵元碑。求寰宇訪碑錄所著錄之「貢副寺長生供記」及「新撚玉佛殿記」，久未能得。因僅就少林靈巖兩刻，參以邵元故實，聯綴

業菊裳埒，琳瑯滿目，美不勝收。主人旣日事摩挲，且時時出珍秘以詔同好，誠可感也。成篇。博雅君子有知邵元兩記原石下落，或藏有拓本見示者，不勝拜禱。魯學齋藏碑拓本近萬，與

民國三十一年九月一日

八、朱舜水與日本文化

（朱舜水畫像）

華人流寓日本貢獻於文化傳播，由來甚久，如應神朝阿智使主自稱漢靈帝曾孫，率同族及十七縣黨類東渡，子孫稱爲西文，與高麗王仁子孫稱爲東文者，並司文史之職，歷世不絕。欽明朝有自稱吳國主照淵孫之智聰者，齎儒佛二典及藥書明堂圖百六十四卷往。（註一）其後如唐之鑑眞，宋之道隆，元之一寧，明之隱元，皆以名僧東渡，而鑑眞隱元，廣攜徒衆法物，尊爲國師，創建宗派，其業績尤偉。（註二）然彼輩率爲緇徒。其以儒者之學，膏澤異域，歷數百年而德業彌尊，聲光煥著者，則爲明季之朱舜水。

一、舜水之身世

朱之瑜字魯璵，號舜水，明浙江餘姚人。父諱正，字存之，官總督漕運軍門。妣金氏，之瑜其第三子，以明萬曆二十八年（一六〇〇），即德川家康統一日本之年生。幼而穎悟絕倫，九歲喪父。長受知於吏部左侍郎朱永祐，及東閣學士尚書張肯堂，禮部尚書吳鍾巒。爲南京松江府儒學生。研究古學，特精詩書。少抱經濟之志，見世道日非，國政日敗，慨然絕仕進之懷。崇禎十七年（一六四四），流寇陷京師，之瑜時年四十四。福王立於南京，累徵不拜，蓋以馬士英輩當國，恥與同流。臺省交章劾其偃蹇，乃走海濱，由舟山至日本，轉抵交址。未幾還舟山。永曆五年（一六五一），再至日本。之瑜素與經略直浙兵部左侍郎王翊深相締結，且與舟山諸將密定恢復之策，欲借海外援師，資王翊以北伐。（註三）嘗從御史馮京第乞師日本，事卒無成。（註四）既而王翊敗，死難。之瑜歸路梗塞，而日本復禁留外人，乃復過舟山。六年壬辰（一六五二），監國魯王駐蹕舟山，屢徵不起，蓋已先後十二應徵辟矣。七年七月復至日本，十二月復赴交址。蓋之瑜有意於經歷外邦，而資恢復之勢。故東南海外，雖暹羅小夷，亦嘗至焉。（註五）

監國九年（一六五二），魯王特勅徵謂，「恢復事業，當資爾節義文章，毋安幸免，濡滯他邦。」並以宋相陳宜中，託諭占城，去而不返，背君苟免諷之。勅書次年始達交址。之瑜獻額慷慨，欲由海路赴思明就徵，以遭安南之役不果。蓋安南王欲脅而用之。之瑜懍然不爲動，遂得脫。明年（一六五八）

夏，又至日本。時舟山既陷，之瑜師友擁兵懷忠者，如朱永佐，吳鍾巒等皆殉難。進退維谷，然欲審時勢料成敗，故濡滯沿海，歷盡艱危。(註六)鄭成功張煌言會師入長江，之瑜主建威伯馬信營。克瓜州下鎮江，皆親歷行陣。(註七)未幾事敗，知不可爲，乃決踏海全節之志，以順治十六年(一六五九)六次至日本，遂流寓不歸，時年六十。康熙二十一年(一六八二)四月十七日奄然而逝，年八十三，計留日本者凡二十三年。

二、長崎時代之舜水

舜水之往來長崎也，筑後柳川儒臣有安東守約者，欽其學植德望，贈詩上書，願師事之。既知其歸路絕宿望沮，因請留日本。之瑜從之。乃與同志者連署白長崎鎮巡，鎮巡許之。然之瑜流離屯蹇，四海空囊，孤身飄然，不能自支。守約乃分祿奉其半。(註八)守約俸年僅實米八十石，又年兩次至長崎省師，所耗輒百金。(註九)之瑜辭以過多。守約曰，「先賢有以麥舟救朋友之急者。古人稱師與君父所在致死。況其餘哉。然則義當獻年俸，自取其三之一。然辱愛之深恐不許之。故今取其中以分其半。若非其路，則奉者受者猶之匪人。老師高風峻節，必不受不義之祿。豈以守約之所奉爲不義之祿乎。守約百事不如人，惟於取與盡心以合理。若拒之則爲匪人也，豈相愛之道哉。」之瑜辭以心不安。答曰

「守約爲生，豈於老師，則豈於心安乎，縱使傾家奉之，志則在矣，難以致久。故酌其宜以中分之。有

（朱舜水像）

餘則不在此限，不足則亦不必如此，願不過爲慮也。守約尊信老師，本非爲名。老師愛守約，亦豈有私。惟欲斯道之明而已。」之瑜知其志不可移而許之。守約仕宦之暇，窮微探賾，學術頓進。(註十)辛丑歲（一六六一順治十八年）守約問明室致亂之由，及恢復兵勢。之瑜乃撰書一卷答之，曰「中原陽九述略。」其論寇亂之源，及虜勢虜害滅虜之策，均可以補史乘之不足，之瑜之孤忠大節，亦畢見焉。癸卯（一六六三康熙二年）春，長崎大火，僑屋蕩盡，因寄寓於皓臺寺廡下。風雨不蔽，盜賊充斥，不保旦夕。時守約妹病將死，而亦即時赴之。幸而茅舍既成，書籍什物皆無恙，綢繆數日，歡談而還。(註十一)之瑜在崎，初欲圖十畝之園，抱甕灌之，用以自給。當時華船往來長崎，如王民則，鄭倫老，林德庵等，均緩急資給，百金無難，用免匱乏。(註十二)時福建黃檗名僧

隱元隆琦先舜水五年（日本承應三年一六五四）渡日，說法長崎興福崇福兩寺。其徒獨立名戴笠號曼公者，實抱亡國之病，削髮爲僧，能詩文善書，與舜水善，嘗爲舜水療疾，並跋「安南供役紀事」。（註十三）其他華人於鼎革之際，流寓頗多，而舜水交通鎮巡，接述中東英俊，聲華特著焉。甲辰（一六六四康熙三年）日本宰相上公源光圀遣儒臣小宅生順，於長崎採訪碩德耆儒，歷諳之瑜，談論古今。及歸，光圀備聞其才德文行。次年乃有禮聘東行之事。（註十四）凡滯長崎者六年。

三、水戶時代之舜水

源光圀者字子龍，号梅里，德川家康之孫。父水戶候賴房，與三世將軍家光爲堂兄弟。生而風神俊邁，好學，博及羣書，敬禮賢士。以親賢秉政，（註十五）寬文五年（一六六五）稟明公廷，禮聘舜水。譯者門人均勸行，乃應聘而東，過安東守約之居，七月至武江。自是禮接鄭重，待以師友。八月光國就藩，迎舜水至水戶。十二月歸武江。七年八月又至水戶。每引見談論，舜水援引古義，彌縫規諷，曲盡忠告善導之意。光圀亦與之論經史，講求道義，不以抗禮爲傲，不以盡言爲忤。光國鑄鐘虡於城樓備警，使舜水爲銘而自書之。及構高枕亭于綠岡，又使志其亭。並爲起第於駒籠別莊（今東京帝大農學院即其故址）八年二月歸武江新第。九年年七十，自以年老神耗，欲辭歸，不許。十一月十二日誕日，光國設養老之禮饗於後樂園，授凡杖而禮養焉。親臨其第，酒殽幣帛，禮接稠疊。新製屏風，畫以倭漢年高德劭者桓榮藤原在衡等六人，祝其遐壽。是歲舜水作「諸侯五廟圖說」博採衆說，通會經史。十年作「學宮圖說」，商榷古今，剖徵索隱，覽者如燭照而數計。光國乃使梓人依其圖而以木模焉，大居其三十分之一。十二年（一六七二康熙十一年）冬，光圀使舜水率儒生習釋奠禮，改定儀注，詳明禮節。明年復於別莊權裝學宮，使再習之。於是學者皆精究其禮。光國素遇舜水以殊禮，寒暑風雨，必問起居，殽饌牲牢莫不備焉。延寶七年（一六七九），舜水年八十。誕日前一日光國就第祝壽，奉以褒鳩杖鶴屏等二十品。次日舜水設香燭拜告天地，以逆虜未亡，故土爲墟，而自身在異邦，遲暮衰疾，歔欷流涕，感動傍人。光國命奏古樂以慰之。舜水素患咳血二十餘年，精神俊爽，苟無病容。年逾八十，老疾稍漸，膚燥體瘦，因生疥瘡，不勝起坐。明年衰損日甚。光國使醫官奥山玄建診察進藥。舜水以懼傳染醫手不使診脈。玄建乃望聞而製藥。天和二年（一六八二康熙二十一年）三月，設宴招親友及門人等，力疾起坐，諄諄教誨，蓋永訣也。四月十七日奄然而逝，年八十三。門人斂畢，光國歎息不已。臨送其葬親題神主，世子亦會焉。以四月二十六日，葬於常陸久慈郡大田鄉瑞龍山麓（今茨城縣久慈郡太田町瑞龍山麓，爲德山氏墓地，風景極幽）依明式成墳，光國題其碑曰「明徵君朱子墓」。次年七月，與羣臣議謚曰「文恭先生」，取古言「德道博聞曰文，執事堅固曰恭」之意。光圀與羣臣親墓詣薦少牢。自是每忌日親舉祭禮。然是日適當東照公(德川家康)忌日，有事於太廟，故移祭於次日，率以爲常。舜水之在水戶與安東守約時通時問，或寄黃金衣服。守約領輕還重。舜水以有道者不忘人德，賢者處世，當量己量人，不可矯激自詭。守約乃不敢違。(註十六)時處賓師之位，歲致饒裕。然儉以自奉，人或笑其嗇及臨卒以所儲三千餘金悉納之水戶藩庫。(註十七)

四、舜水之學說

舜水生長浙東，與王陽明同里。然炘相焰，鳴鷄相聞。其祖墓亦與陽明祖墓比隣。於其功業智略極爲推許。惟於其末流之高視濶步優孟衣冠，及王龍溪語錄之時雜佛書，則不以爲然。(註十八)生平强記神敏，老疾而手不釋卷。惟不肯守一先生之言。其語門人曰，「學問之道如治裘。遴其粹然者而取之。若曰吾某氏學某氏學，則非所謂博學審問之謂也。」又曰「爲學之道，外修其名者無益也，必須身體力行，方爲有得。」(註十九)其自律甚嚴。答安東守約書云，「不佞欲言行之問，但知內不欺己，外不欺人。行而不言者有之矣，未有言而不能行者也。」又答小宅生順書云，「僕事事不如人，獨於富貴不能淫，貧賤不能移，威武不能屈，庶可無愧於古聖先賢萬分之一。」飭身以禮，燕居儼然，平居見客，雖親暱必具衣冠。嘗答明石源助書云：(註二十)

「不佞總角時，恒見先人與士大夫相接，冠裳濟濟，言論丰采，進退周旋，皆雍容彬彬焉。斯時太平氣象至足尙也。其後士大夫好爲脫略而惡言禮，以爲厭物，以爲王道。所謂王道者，非尊之也亦借名斥絕之詞耳。未能二十年，而國已淪亡。前年至廈門，赴國姓(鄭成功)之召，見其將吏並寄居薦紳，皆佻達自喜，屏斥禮教，以爲古氣，以爲骨董。不佞知其事必無成，故萬里崙行，不投一刺而返。不幸果無所濟。可見禮也者不特爲國家之精神榮衞，直乃爲國家之楨幹。……故曰禮樂不可斯須去身。……禮者乃天理自然之節文，非苛禮多儀之謂也。」

其所雅言不離乎民生日用彝倫之間，本乎誠而立乎敬，發乎言而徵於行。嘗以爲出之於口則可聽，措之於事則全非，處

(茨城朱舜水墓)

之危疑而弗能決，投之艱大而弗能勝，爲非儒者。(註二十一) 又答安東守約書曰(註二十二)

「伊藤誠修學識人品，爲貴國之白眉。然所學與不佞有異。不佞之學，木豆瓦登，布帛菽粟而已。伊藤之學則雕文刻縷，錦繡纂組也。未必相合一也。」

最可以見其所重。又答小宅重治云，「家有母學爲孝，家有弟學爲友，家有婦學爲和，出而有君上學爲忠愼，有朋友學爲信，無往而非學。」

其論文謂須本六經，佐以子史，而潤澤之以古文。內既充溢，則下筆自然湊泊，不期文而自文。(註二十三) 而雕琢文字，規撫昔人則斥爲非學。嘗與奧村庸禮書云：(註二十四)

吟詩作賦非學也，而棄日廢時，必不可者也。「空梁落燕泥」，工則工矣，曾何益於治理。「僧推月下門」，覈則覈矣，曾何補於民事。「鷄聲茅店月，人跡板橋霜」，新則新矣，曾何當於事機。且撚髭嘔心，儻或不能工緻，徒足供人指摘，又何益於詩名。

故舜水於日本未留一詩。其文亦大率達意而止，隨手成章，方之並時大儒如亭林梨洲之作，特爲樸質。雖才力或遜，並遷就異邦讀者，亦由其持論使然也。

舜水多識典章，達於政事，又長於工藝。其爲源光圀作學宮圖說模型，存水戶彰考館。今東京湯島聖堂，卽依此型而作，爲舜水手澤之最可貴者。(註二十五) 其型棟梁杆椽，莫不悉備，而殿堂結構之法，梓人所不能通曉者，舜水親指授之。及度量分寸，湊離機巧，致喩縝密，經歲始畢。文廟，啓聖宮，明倫堂，尊經閣，學舍，進賢樓，廊廡，射圃，門樓，牆垣等，皆極精巧。及光圀作石橋於後樂園，舜水亦授梓人以制度。梓人自愧其能之不及也。又命造祭器之合古典者，乃作古升古尺，揣其稱勝，作簠簋籩豆登鉶之屬，圖雖存而制莫傳。舜水依圖考古，研覈其法，巧思默契，指畫精到，授之工師，工師諸受頻煩，未能洞達，乃爲之揣輕重，定尺寸，關機運動，教之彌年，卒得成之。又嘗製明衣冠，朝服角帶，野服道服，明道巾，紗帽，幞頭之類俱備。（註二十六） 源光國嘗曰：

先生爲經濟家，假令曠野無人之地，士農工商各業，先生皆可兼之。而禮樂刑政之大，以及田園耕作酒食鹽醬等事，先生殆亦無不勝任愉快也。

蓋舜水以開物成務，經邦宏化爲學，期於有爲有守，體用核備，大而禮樂刑政之詳，小而制度文物之備，靡不淹貫。（註二十七） 門人林春信問崇禎年間巨儒鴻士爲世所推重者，舜水答曰：（註二十八）

明朝中葉以時文取士，時文者制舉義也。此物視爲塵飯土羹，而講道學者又迂腐不近人情。如鄒元標高攀龍劉念臺等，講正心誠意，大資非笑。於是分門標榜，遂成水火，而國家被其禍。未聞所謂巨儒鴻士也。巨儒鴻士者，經邦宏化，康濟艱難者也。

其所以自期遠而自信篤。故雖文文山，方正學之精忠貫日，舜水亦有所不滿。（註二十九） 時非可爲。故屢徵不起。對於當時俊彥，如張蒼水，則譏其軍士之打糧。（註三十） 鄭延平則輕其部下之佻達（註三十一）

平行所傾倒者僅一王翊。王死而舜水之望遂空。(註三十二) 卒乃蹈海完貞，傳絕學於異域焉。

五、舜水之著作

舜水重事功而輕文學，又遭遇名藩，籌謀規諷，不乏可以見之行事者，非如亭林・梨洲・船山・二曲等，晚年惟欲以著述期知己於千百年後，故殊乏雄篇。舜水卒後，源光圀並水戶儒臣類次所作爲二十八卷，皆海外文字。在明之作，一無所傳。長崎之作，皆歿後安東守約所錄。交趾所作者，亦在其中。寬文乙巳（一六六五），稅駕江都後，皆錄其稿。然天和壬戌（一六八二）冬，故第罹災乃命府下士出其所藏。旁搜遠求，因以成書。題云「門人權中納言從三位源光圀輯，男權中納言從三位綱條校」卷首有安東守約序，正德五年（一七一五康熙五十四年）刊於京師，即舜水集之流行本。(註三十三) 另有明朱徵君集八卷，乃加賀侯命儒臣源剛伯編次者，世無傳本。剛伯爲舜水弟子，舜水稱其氣度沖雅，學道之器。其書成於貞享元年（一六八四康熙二十三年），實先於水戶刊本者三十二年。(註三十四) 近稻葉岩吉博士始合校兩本，其相同者皆採水戶本，而並錄其溢出者爲朱徵君集十卷。又由清張廷枚「姚江詩存」中，輯舜水詩十五首名「泊舟稿」蓋舜水在明所作也。附錄可以考證舜水在日本生活之文字若干篇，並舜水雕像墓影墨蹟等，合編爲「朱舜水全集」，男爵後藤新平序其端，明治四十五年（一九一二民國元年）刊於東京文會堂，爲舜水著作之最備者。（註三十五）惟不無訛脫，且於舜水鄉黨史料，未能搜求。清社既屋，會稽馬浮氏乃即稻葉本重訂爲二十五卷，民國二年八月湯壽潛爲序，刊行於中土。梁任公爲「朱舜水年譜」即據此本。滬上別有標點節本印行，訛誤不足據。

六、舜水學之影響與傳人

舜水對於日本最大之貢獻爲以身教，其忠義憤發，尊王賤霸，獨得於人倫之正。日本所謂「水戶學」者，所得於舜水精神者至多。舜水倡言讀史有裨於治道，光圀遂開彰考館，修「大日本史」。廣搜史料，據實闕疑，正閏皇統，是非人臣，發凡起例，多定於首任總裁安積覺，安積則舜水之高足。大日本史之編纂，雖歷二百五十餘年，迄明治末（三十九年一九〇六光緒三十二年）始全書殺青。然史稿流傳所裨於日本人心者至大。（註三十六）舜水又嘗爲南朝忠臣楠正成贊，刻爲湊川碑，明正統之有歸，揭孤忠之大節，風示來世。後藤新平論其事曰：（註三十七）

明季徵君朱之瑜，隣邦所貢之至琛又至寶也。道義則貫心肝，學術則主王業。不得行懷抱於故國而卻傳衣鉢於我邦。……以滿身忠憤之氣，寓之一篇楠公之題贊，燭大義，闡王道，使東海之日月，有光於千載。豈不亦賢乎。之瑜既義不帝秦，堅守魯連之志，遂來蹈東海。得義公（光國）之知遇，乃爲與湊川之碑不朽千古之人。況於其純忠尊王之精神，滂溥鬱屈，潛默醞釀，可二百年而遂發爲志士勤王之倡議，一轉王政從古，乃至翼成維新之大業，以致國運今日之蔚興。我之所得于之瑜也固大矣。

光圀優禮師儒，弼成德川氏之文治。其所建白措施者，如廢殉葬，毀淫祀，興釋奠之儀，讓封土於兄子綱條，莫不卓然有以自立。其子孫累世勤王，藩士如立原翠軒、青山延于、東湖彪等，皆盛倡尊皇愛國之說。及其後人慶喜入承幕府大統，棄十五世三百年之藩政如敝屣，蓋舜水之教深矣。（註三十八）德川初，朱子之學，傳於日本。空言心性，無補實際。舜水矯其空虛，天佑以還，日本儒學以經世治民爲要，不務空談虛論，皆舜水之賜也。（註三十九）其重禮尙實，蒸爲風尙，有益日本國民性者亦至大。及門弟子，英俊輩出。茲表其學之傳授如下：（註四十）

- 德川光圀
  - 栗山潛峯
  - 古市胤重
  - 安積澹泊
    - 菊池南汀
      - 青山瑤溪
      - 菊池南洲
    - 德田錦江
    - 松村芳洲

- 朱舜水
  - 人見懋齋
    - 鈴木白水
      - 鈴木廉泉
      - 谷田部東壑
        - 木村子虛
        - 石川安田
        - 立原東里
  - 奧村蒙窩
  - 安藤抱琴
  - 安藤年山
  - 安東省庵
    - 南部南山
    - 安東侗庵
    - 伊藤春琳
  - 前田松雲
  - 今井魯齋
  - 藤咲僊潭
  - 佐佐十竹—丸山活堂
  - 五十川霍皐—原淇園
  - 酒泉竹軒—中島通軒

以上弟子中，源光圀之事蹟已見上述。茲再分記其他弟子之學術行誼，及與舜水之關係。

安東省庵名守約，筑後人，世爲柳川藩儒官。省庵夙志聖賢之學，入京師，學於松永尺五。歸爲藩侯侍講。自萬治二年（一六五九）與舜水通書問，後奉以爲師。舜水謂爲學行超卓，豪傑之士。書箋題以「知己」，王翊以外，最爲舜水神交。伊藤東涯稱之爲關西大儒，自縉紳以至書生武弁，無不景慕。元祿十四年（康熙四十年）卒，年八十。子守直，孫守經，能世其學。守約著述甚多。已刊行者有「續古文眞寶」二卷，「三忠傳」二卷，「增補歷代帝王圖」二卷，「省庵先生遺集」十二卷。別著有「四書道德總圖」，「大學私考」「周易傳義異同考」，「詩書集傳朱蔡異同考」，「日本史略」，「立花家戰功錄」等書。（註四十一）

安積澹泊名覺，字子先，常陸人。父貞吉，仕水戶藩。澹泊自十餘歲從舜水學，親授羣經句讀，博識能文章，爲水戶儒臣，與新井白石室鳩巢交。彰考館開，爲修史總裁。享保庚子（一七二〇）成大日本史二百四十六卷，前後參與者數十百人，而澹泊之功最多。老而精力不衰。元文二年（乾隆二）年卒，年八十二。門弟子多著者。著作之刊行者有「烈祖成蹟」二十卷，「大日本史賛藪」三卷，「西山遺事」五卷，「湖亭涉筆」四卷，「澹泊齋文集」十八卷，「朱氏談綺」三卷。（註四十二）

五十川霍皐名剛伯，字濟之，京都人。少慷慨負義，後折節讀書，從舜水於水戶。舜水稱其氣度冲雅，學道之器。仕加賀藩爲儒臣。元祿十二年（康熙三十七年）卒，曾編「明徵君集」十卷。著有「叻語集要十卷，「詩範」九卷，「學問聚辨」十八卷。並有「霍臯集」。（註四十三）

栗山潛鋒名愿，字伯立，山城人。幼穎敏勤學，從舜水於水戶，通國史。水戶義公召爲儒臣，尋

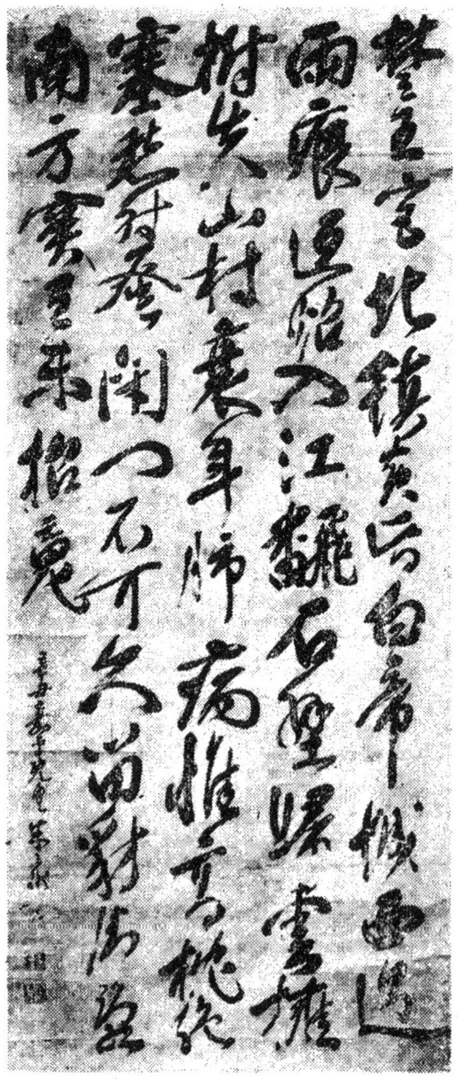

朱舜水筆蹟
（市村瓚次郎博士藏）

爲彰考館總裁，與安積覺等同在史局。源光圀告老後，常隨侍於西山，恩眷甚至。寶永二年（康熙四十五年）卒，年三十六。著有「保建大記」二卷，「倭史後編」三卷，「神功皇后論」一卷，「敝帚集」十六卷，「雜著」十卷，詩集曰潛鋒詩稿。（註四十四）

酒泉竹軒名弘，筑前人。少孤，刻勵向學，手不釋卷。長遊學長崎，業成，仕水戶藩，與於國史編輯。博涉群書，尤精經義。善講說，藩侯稱爲講官第一。爲人温厚敬慎，而內有所守。享保三年（康熙五十七年）卒，年六十五，贈正五位。著有「江都見聞錄」一冊「家乘知源錄」一冊「二十二社奉幣考一冊，並「言志集」，「切磋集」，「犬吠集」，「竹軒遺集」「竹軒外集」。

佐佐十竹名宗淳，備前人。初爲僧，雲遊四方，讀一切經有惑，因毀衣鉢，蓄髮入舜水門。仕水戶義公。天和貞享中，奉命蒐集遺書遺文。元祿元年爲彰考館修史總裁。博聞强記，淹貫古今，精於譜牒。爲人曠夷，敢直言，好薦達後進。元祿十一年（康熙三十七年）卒，年五十九。著有「六物輯釋」六卷，「立志論」一卷，「西行雜錄」四卷。「南行雜錄」六卷，「求書權輿目錄」及十竹齋詩文雜錄筆記手書等。

藤咲僊潭名正方，江戶人。幼移家水戶，學於舜水，仕爲水戶彰考館編纂，任奉行代官等職。寶歷十二年（乾隆二十七年）卒，年七十四。著有「有職備考」十五卷，「大日本史引書通考」二卷，「禮儀類典引用記者考」一卷，「攝家清華正統累系」一卷，「僊潭筆記」一卷，僊潭詩稿，海棠詩等。

人見懋齋名傳，號竹墩，京師人。學於林鵝峯，朱舜水。有幹事才，爲彰考館第一任修史總裁。元祿九年（康熙三十五年）卒，年五十九，贈從四位。著有「春秋備考」十二卷，「井井堂稿」九卷，考訂名字鈔一冊。（註四十五）

今井魯齋名弘濟，常陸人。少受業舜水，精通華語，仕水戶藩，入彰考館，究醫術。舜水孫毓仁之來長崎，弘濟受命款接之。與安積覺共撰「文恭行實」，極詳贍。元祿二年卒，年三十八。著有「參考太平記」六十四卷，「參考保元物語」九卷，「參考平治物語」六卷，「參考源平盛衰記」四十八卷，「病餘援筆」一卷，「魯齋集」一卷。(註四十六)

前田松雲名剛紀，號梅墩，金澤藩主。學於舜水，施仁政，正名分，致力於蒐集保存典籍，遠近稱爲名主。享保九年(雍正二年)卒，年八十二。贈從二位。著有「桑華字苑」百冊及梅墩集。

奧村蒙窩名庸禮，加賀人，初學佛典，後從舜水究經史之學。篤守宋儒，以道義自仕。爲金澤藩國老，朝野皆服其德。貞享四年(康熙二十六年卒年)六十一。著有「讀書拔尤錄」二卷。其子亦赴江戶受學於舜水。並問詩法於五十川霍臯。嗣父輔藩主二十餘年，稱加賀名臣。(註四十七)

以上爲朱門弟子之卓卓者。其他及門者有佐藤彌四郎，下川三省，服部其衷等。服部事舜水尤勤，卒後奉其祠。三好安宅以寒士與舜水遊六七年，淡水之交，始終如一。小宅生順則訪舜水於長崎，顯揚之於水戶侯者，故筆談書問亦多。碩儒木下貞幹介五十川剛伯欲廁門下，文集附錄上舜水書十七，禮敬甚至。其餘書問筆談，删潤文字，見於文集中，如野傳，林春信，吉弘元常，伊藤誠修等甚多。(註四十八)而讀其書慕其人，直接間接蒙其感染，所謂私淑弟子殆尤衆。明治四十五年(民國元年西元一九一二)六月，安東守約後人守男，及水戶侯之裔候爵德川賴倫伯爵德川達孝等，於日本帝國教育會爲舜水開三百五十年紀念會，刊行紀念刊，並於當時第一高等學校（今東京帝大農學院內）樹一石碑，書「朱舜水先生終焉之地」環植櫻花，可見其遺澤之深入人心云。（註四十九）

七、舜水之軼聞

舜水於康熙九年（一六七〇）年七十一，以檜木爲壽器，作淸亡後歸骨計。其戚姚江於康熙十五年受其孫輩之託，至長崎探詢，不得前，以書達。舜水泫然隕涕。又二年，其孫毓仁抵長崎，僅以書道情款。源光圀欲招毓仁侍奉，而毓仁奉母命來，欲還報請命，期以他年。又七年（一六八五）至，則舜水卒已三載。光國贈以衣物，並與安東守約通書問而歸。宣統二年（一九一〇），其十一世孫朱輔基始展其墓，並與光圀之後，互致饋贈。淸亡後，迎葬之事亦未成。浙人湯壽潛爲建祠於杭州淸泰門側，以爲衣冠塚。使馬浮校訂其遺書，刊於中土，並組織舜水學社以紀念之。

舜水困居長崎仍有僮僕之奉。故與安東守約書有「新鎭公行後則杜門不交一人，所有僮僕，盡行遣去」云云。行實稱離家四十年，不接婦女。或諭以置妾備櫛餌之奉，而先生不許焉。惟曾欲買一婢，年長貌醜而有才德，問之已遠去。函安東守約謂欲得一解事婢，以免爲下人所累。守約四十不娶，舜水勸之，乃迎婦生子。（註五十）二人石交，由道術以至私生活，無不商討焉。

守約少讀文天祥詩，「我亦東隨煙霧去，扶桑影裏看金輪」，慨歎以爲假令丞相來日本，願爲之執鞭。及見舜水，以爲文丞相後身也。舜水幼時嘗夢，「夜暖溶霜月，風輕薄露氷」二句，因以溶霜名詩，而未知其兆。及在日本，習其風土，恍然自悟曰，吾飄零海外命也夫。（註五十二）

載曼公獨立，杭州人，能詩通醫術，痛明之亡，渡日不歸。薙髮從僧隱元遊，與舜水善，舜水有答釋獨立書云，（註五十三）「靖難時忠臣極多，惟程詞林濟最爲艱難，最有始終。今日革除之際，忠臣極多，惟弟最爲艱難，最爲堅忍，而尚兢兢於末路，蓋棺事始定也。羞辱困苦，分所宜然，總不必論。彼時程亦剪髮爲頭陀，誠權宜之計，於理無妨，蓋建文主爲和尚也。今日普天下俱剃頭，此事大不可草草，蓋類有相似也。弟於祖宗祭祀墳墓曠絕十七年，罪不可擢髮數，但欲留此數莖之髮，下見先大夫於九原耳。」意獨立曾勸之爲僧也。安積覺謂舜水明室衣冠，始終如一。又招其孫侍養，答王師吉書云，「一到長崎，便須束髮如大明童子舊式，另做明朝衣服云。

舜水自至日本，不復爲詩。蓋陳元贇與舜水同時至日，仕尾張德川候，以袁中郎集傳於僧元政，鼓吹性靈詆訶何李，有「元元唱和集」，風行一時。舜水嘗謂今詩比古詩，如無根之華藻，無益於民風世教。（註五十四）其在明之「泊舟稿」，寄旨遙深，含情幽怨，與陳元風格迥殊。「泊舟稿」凡五言遊仙古詩十三及其他三首，其詠錢塘云：「天際銀幡立，鴟夷怒未消，定知千歲上，江水不生潮。」奇警肖其生平。又寬文己酉（一六六九）源光圀張宴環景樓，泛舟淺草川，野傳首唱聯句，舜水續之曰：「山輿螺黛遠，高閣徹晴空。」山指筑波山閣指大悲閣。安積覺等所見舜水詩，僅此而已。（註五十五）

章實齋謂「浙東之學，自三袁之流，通經服古，絕不空言德性」，又謂「浙東之學，言性命者必究於史。」舜水與黃梨洲氏（一六二〇—一六九五）均籍餘姚，梨洲後舜水十年而生。黃門有萬斯同，朱徒有安積覺，與於纂修明史大日本史之偉業。東西輝映，可謂奇緣。亦以見舜水之學，自有其源淵焉。

八、結論

明之亡也，流寇鬨於內，清人擾於外，士大夫惟知分門戶，競權勢，魚肉閭閻，毀敗憲章，卒之國破身死而不悟。其時晦蒙否塞，爲天地立極，爲生民立命，存道術於絕續之交，維人倫於破毀之餘者亭林、梨洲、船山、二曲、夏峯數先生而已。舜水貞晦過夏峯，艱苦邁二曲，出入波濤，崎嶇嶺海，百折而不回，與亭林之間關南北，揮金結客，春謁思陵秋孝陵者，志事無二，而博學明辨，研精經史不愧梨洲船山兩君子。乃避地海外，遭際名藩，栽成徒類，澤流十世，視諸先生之垂空文以自見者，其遇爲獨隆，而時丁閉關，交通困阻，親故離絕，子孫訣別，故國陸沉，歸骨無日，亦若極人生之至痛焉。昔大道凌夷，仲尼有桴海之歎，中原鼎沸，幼安作度遼之行，文翁西來，巴蜀向化，韓柳南嶺，嶺表同文。聖哲仁人鍾天地之靈秀而生，以淑世淑人爲念，盤根錯節，必有以自見。民胞物與，九州爲家，此絀彼伸，復何擇焉。黃遵憲氏謂舜水眞能不食周粟，過於夷齊。（註五十六）然揆其器識際遇，殆近箕子，而貞固過之。昔新會梁氏首揭其學行，以擬亭林，梨洲，所以推許者甚至。（註五十八）蓋其事雖奇，而言忠信行篤敬，固爲儒者常道焉。

附註

（註一）岡田正之「日本漢文學史」第一篇第一期第三章。

（註二）木宮泰彥「中日交通史」第九，第十三，第十六，第二十四章。

（註三）節今井弘濟安積覺合撰「朱文恭行實」

（註四）「海東逸史」朱之瑜別傳。

（註五）今井弘濟等撰「行實」

（註六）同上

（註七）海東逸史「朱之瑜別傳」

（註八）「行實」

（註九）「朱舜水先生文集」卷一「與孫男毓仁書」

（註十）安東守約「悼朱先生文」

（註十一）「悼朱先生文」參照「行實」

（註十二）「朱舜水先生文集」卷六與安東約守書九，及十五。

（註十三）木宮泰彥「中日交通史」第二十四章，安南供役紀事跋文，「先哲叢談續篇」

（註十四）「行實」

（註十五）「野史」續愛國偉跡。

（註十六）「行實」

（註十七）原善「先哲叢談」

（註十八）朱舜水先生文集卷二十二「答安東守約問」

（註十九）「行實」

（註二十）「朱舜水先生文集」卷三。

（註二十一）安積覺「朱舜水文集後序」

（註二十二）「朱舜水先生文集」卷六與安東守約書十。

（註二十三）「行實」

（註二十四）朱舜水先生文集卷八「與奧村庸禮書二」

(註二十五)「朱舜水三百五十年紀念刊」

(註二十六)「行實」

(註二十七)安積覺「朱舜水文集後序」

(註二十八)「朱舜水文集」卷三十二「答林春信問」

(註二十九)文集卷七「答安東守約書一」曰「身(文山)爲總帥，未建尺寸之功。北歸而誤中虜計，幾爲李督府捕斬。嶺表再俘，過廬陵而復食。致王炎午有生祭之文，劉堯舉有誰向西山飯伯夷之句。何忍冒蓬生麻中之嫌乎。事已無可如何，乃思黃冠歸故鄉，何途是其歸路。他若道生，佛生以名其子，甚非大儒所宜。又卷二十二答安東守約問云:「方先生執而不化，……靖難之激，方先生得君之專，彷彿齊黃，而不能運籌決勝，似非通才。」

(註三十)「朱舜先生文集」卷二十二「答安東守約問」

(註三十一)「朱舜水先文集」卷三「答明石源助書」

(註三十二)「行實」

(註三十三)正德本朱舜水集凡例。

(註三十四)柳下永山近彰「書朱徵君集後」

(註三十五)稻葉岩吉「朱舜水全集凡例」

（註三十六）參閱西村文則「水戸學再認識」（昭和十一年七月版）。

（註三十七）「朱舜水全集序」

（註三十八）「水戸學再認識」

（註三十九）朱舜水三百五十年紀念刊。

（註四十）關儀一郎，關義直合編「近世漢學者著述目錄大成」（昭和十六年四月東京東洋圖書刊行會版）附錄

（註四十一）「大日本人名辭書」「近世漢學者著述目錄大成」安東守約「悼朱先生文」

（註四十二）「大日本人名辭書」安積覺「書逐日功課自實簿後」

（註四十三）「大日本人名辭書」朱舜水先生文集卷二「答木下貞幹書」

（註四十四）「大日本人名辭書」「近代漢學者著述目錄大成」

（註四十五）酒泉，佐佐，藤咲，人見五人事均據「近世漢學者著述目錄大成」及「大日本人名辭書」

（註四十六）「行實」安積覺「跋今井魯齋弔楠公文」，「近世漢學者著述目錄大成」

（註四十七）「大日本人名辭書」「近世漢學者著述目錄大成」

（註四十八）散見文集中。

（註四十九）「朱舜水」朱舜水記念會編，明治四十五年東京朱舜水記念會事務所刊。

（註五十）「行實」郭垣編「朱舜水」（民國二十六年南京正中書局版）

（註五十一）朱舜水先生文集卷六與安東守約書五，卷七答安東守約書十五，卷十二與安東守約書十。

（註五十二）「行實」安東守約「悼朱先生文」

（註五十三）獨立事參看本書「明季兩戴笠事蹟考」篇。書見朱舜水先生文集卷一「答釋獨立書」

（註五十四）參看本書所收「陳元贇評傳」篇

（註五十五）安積覺「朱文恭遺事」

（註五十六）章學誠「文史通義」浙東學術篇。

（註五十七）黃遵憲「日本雜事詩」卷一，詠舜水云「終身恥食興朝粟，更勝西山賦采薇。」又云「亡國遺民眞能不食周粟者千古獨渠一人耳。」

（註五十八）參看梁著「明淸之交中國思想界及其代表人物」（飲冰室文集卷四十一）中國近三百年學術史第七節兩畸儒（飲冰室專集十七冊）「朱舜水先生年譜」（飲冰室專集第二十二冊）。

九　梁任公著朱舜水年譜補正

（一）

「朱舜水先年譜」見林志鈞編飲冰室合集專集第九十七。（民國二十五年中華書局版）舜水以一介諸生，丁明清鼎革之交，崎嶇嶺海，志在光復。及事不可爲，乃避地海外，受日本水戶藩之尊禮，倡導實學，裁成多士，影響聲施，數百年不衰。任公先生早歲僑寓東瀛，習聞其事。其清初五大師學術梗概等篇，以與亭林梨洲並稱。著國學入門書要目及其讀法，亦以舜水集與王艮李塨之書共學。且謂舜水爲日本文化之開闢人，唯一之國學輸出者，讀之可見其人格。所以闡揚推許者甚至。又於中國歷史研究法補編（姚名達編）第五章年譜項有云：

我自己做朱舜水年譜，把舜水交往的人，都記得很詳細。那些人名，日本人固然聽得爛熟，中國人看來都很面生。朱舜水與日本近代文化極有關係，當時即已造就人才不少。我們要了解他影響之偉大，須看他的朋友和弟子跟着他活動的情形。雖然這些人史料很缺乏，但我仍想努力搜求，預備爲他們做些小傳。像朱舜水一類的人，專以造就人才爲目的，雖所造就的是外國人，但與我們仍有相當的關係。在他的年譜，附載當時的人，當然愈詳細愈好。

又云：

我做朱舜水年譜，在他死後還記了若干條，那是萬不可少的。他是明朝的遺臣，一心想驅逐滿清。後半世寄住日本，死在日本。他曾說過，滿人不出關，他的靈柩不願回中國。他自己做了耐久不壞的靈柩，預備將來可以搬回中國。果然那靈柩的生命比滿清還長，至今尚在日本。假使我們要搬回來，也算償了他的志願哩。我因為這一點，所以年譜後記了太平天國的起滅及辛亥革命，清室遜位。直到了滿清覆亡，朱舜水的志願纔算償了。假如這年譜在清朝做是做不完的。假如此類年譜沒有譜後，是不能成佳作的。

舉此篇以爲著述年譜之示範。其重其人愼其事如此，且定稿於晚年，則殆非不經意之作矣。然其中實有疏失，不能踐其所言者，或注以待考，而檢之東籍，不難知其原委者。蓋先生之學，造端博大，早歲政談分其晷，事功奪其業。晚欲從容著述，而復迫於年事，遺書中或綱擧目張，而未及殺青，或斐然成篇，而有待矜練。先生有趙翼錢大昕之精勤，而無其環境與壽考，乃一己之不幸，亦中國史學界之不幸也。中國歷史研究法序云「吾之此書，非敢有以與人也，將以取諸人而已。願讀者鑒茲微尙，痛予別裁，或糾其大端之謬，或繩其小節之疏，或著論箴駁，或通函誨責，俾得自知其失而自改之，由稿本蛻變以成定本，則片言之賜，皆吾師也。」其虛懷若谷也如此，則補正本篇之缺失，或亦雅量高志如先生者之所許歟。

（二）

原譜詳於紀行，而略於記學，殆以舜水倡導身教，排斥講學之故。然舜水生丁叔季，瞻顧却慮，屢徵不起。光復之事功，既無足言。離棄鄉國，爲賓師於異域，其可以自見者，獨其言論文章而已。

苟略其學說思想，非惟無由表現其全面目，並其影響於異國者，亦復迷離抹糊，不易說明。尊王賤覇，重禮尙實，爲舜水施教之要義。前者演爲彰考館大日本史之義法，成爲水戶學之主要思想，影響於尊王倒幕，明治維新之局，後藤新平之朱舜水全集序言之甚詳。年譜引舜水著述頗多，然寬文十年(康熙九年)之楠公父子訣別圖讚，卽後刊爲湊川碑陰者，爲日本敎忠之主要資料，迄今學校敎科書仍引用之，幾於家弦戶誦，而譜中未及，殊不可解。重禮尙實之敎，蒸爲日本國民風尙，見於明治後之敎育勅語，矯朱陸之空虛，闡禮樂之本意，與北方顏李之說極爲相近，乃舜水思想之精華，而譜中亦未能特爲揭出，使讀者不能無探驪失珠之感焉。

譜中記與舜水關係人物事實，多詳略失宜。源光圀尊禮舜水之瑣事儀文，委細記之，而光圀秉政之主要措施，源於舜水建議或暗示者，則多脫落。水戶學派在日本學術史上政治史上之特色•地位•影響，均付闕如，則亦無由窺舜水貢獻之大，而譜後記舜水卒後一百八十五年德川慶喜奉還大政，王政復古，讀者亦難知其與舜水有何關係。舜水之學，水戶藩外影響最鉅者爲加賀藩，自前田松雲侯以及老臣奧村庸禮，皆北面稱弟子。藩儒木下貞幹爲一代大儒，與舜水魚雁往返，多所商榷，譜中亦未能闡明其事。門弟子中安積覺爲舜水第一高足。自十餘齡相從於江戶，親授句讀，督勵異於他兒。其後仕水戶藩，爲彰考館修史總裁。東土史部唯一傑作大日本史之發凡起例，多出其手。其人博識能文章，交遊遍國中，且老壽多所著述。地位·影響學植，視安東守約均爲過之。譜中獨詳安東之事，於安積則僅以引所撰行實及其姓字。其餘弟子如栗山潛鋒，如酒泉竹軒，如佐佐十竹，如人見懋齋等，或以著述名，或以授徒顯，譜中均不能舉其生平，或且未及其姓字。記安東守約之事詳矣，然於其學業之成就，及仕績著述子嗣傳人，亦付闕略。而乃欲考與舜水道術岐途，晚節相忘之長崎完翁（二十三頁），詳記避難偶遇之皓臺寺僧月舟（三十八頁），皆不免輕重倒置。

譜中記顧炎武王夫之顏元等之生年，此其人皆生前死後，與舜水毫無關係。其惟一關係爲時代相近，均爲有明遺老，（顏元且非遺老）而學術上各有貢獻耳。然類此者何止數人，且錄之何所取義？反之隱元，木菴，心越等名僧，與舜水渡日相爲後先，開宗黃檗，隆興禪學，陳元贇與舜水同時至日，以公安派詩文振導一方，乃至藤原惺窩林道春輩與朱子學，爲德川時代文教先河，其與舜水之學說言論，直接間接不能全無影響，而譜中則一未涉及，亦一疏也。

譜後原擬記入太平天國之起滅，但定本無之。殆亦以其反清排滿，與舜水無關耳。陽九述略等文，於晚清留東人士之言革命者自有相當影響。章炳麟且曾舉以證滿清之罪惡，然譜中未考其流傳，而惟記舜水卒後二百二十九年清室遜位，則亦不免於突兀。有清亡後，其遺族東行拜墓。浙人湯壽潛等於杭州立舜水學社，請於議會爲建專祠，不可，乃與路董會諸君自爲祠於清泰門側。欲爲歸骨不成，而使馬浮重訂其遺著爲二十五卷，刊於中土。又日本於明治四十五年（民元）爲開三百五十年紀念會，刊行紀念刊，立紀念碑於東京本鄉區故宅，此皆譜後所應記者，而亦略之何耶？

譜中引用原集，不記版本。就頁數核之，所據皆爲湯壽潛刊馬浮編之鉛印舜水遺書本。（民國二年八月刊十二冊）案馬浮本體例形式雖較整潔，而所據則不出稻葉岩吉之朱舜水全集（明治四十五年刊），且有所省略。其所謂「正其譌舛，使就紀理」者，乃以意爲之，非有他本可據也。稻葉本舛誤固多，而以史料之價值言之，視馬浮本爲勝，不知何以捨彼取此。日本早稻田大學圖書館藏安積覺手校正德（一七一五康熙五十四年）刊舜水集，而加賀侯藏源剛伯編朱徵君集亦在人間。其他墨蹟鈔本，日本往往有之。作者於其著述之流傳，未事考索，僅據最晚出之中國刊本，則亦未審也。

史家紀年，所以揭示正確時間觀念而便稽核。譜中記明清帝王年號，而不注公曆或民國紀元，已感不便檢查。明桂王於永曆十五年（一六六一）十二月爲緬甸人所執，獻于清，次年四月遇害；而譜中以永曆記至三十八年（一六八四），注謂明末帝雖遇弒，然臺灣鄭氏仍守永曆正朔，至舜水卒後之二年乃亡，故本年以後仍紀永曆，從先生志也。此等處乃以書法而改事實，雖承春秋通鑑綱目之流風，而非現代史法所取。舜水此後之生涯爲在日本之授徒講學，與台灣鄭氏之活動，並無關係，則自應逐年記入日本紀年，以便對照，何必注意一荒島上之虛君正朔。若果以從舜水志爲重，則順治康熙之對照紀年，均應刊落矣。

（三）

以上所舉似爲大端之失，至小節之疏，略述一二如下：

年譜二十三頁云：

戊戌（永曆十二年）十月，日本人安東守約介完翁以書來問學。……十月十九日，從長崎附舟歸厦門，以後事託日人完翁。」自註云，完翁性名待考。書中稱貴國，知其必爲日本人。其人殆先生在日本最初之友，極敬愛先生，故書中皆心腹語。

案此完翁爲華人陳明德。安東守約省庵遺集中有其碑銘云「翁姓陳，諱明德，字完我，明杭州人也。昔在明，再試不第。退而歎曰，士君子不得爲宰相，顧爲良醫。雖顯晦不同，而其濟人一也。卒改業爲醫。尤精於小兒科。慶安中（永曆二至五年）航海來長崎。每投藥餌，起死回生，崎人留而不歸。……强胡猾夏，翁絕念於鄉國，遂改姓名，號潁川入德。……承應三年（永曆八年），余自京遊崎，始獲識荊，恨相見晚。」又述其爲人云，「唯從天性，外如坦率，內無邪慝。見人之窮，懷金救之。家人止之，怒曰，汝何知。故終之日，家無餘財。其志常不忘本，翹首西顧，未嘗不致恢復之念也。」完翁與舜水同鄉而同志，故舜水於永曆七年七月至日本時，即曾主其家。獨立跋安南供役紀事謂「歲癸巳秋，與先生天涯把臂，共寄足於潁川居士之門」是也。舜水答完翁書謂「尊嫂又能曲體至情」，可證其決非外國人。答釋澄一書謂「近有二三事，附入德翁書中。和尚倘有意於此，暇時索取看之。」可見其關係。致陳書中偶稱貴國，或爲傳寫之誤，或以其久已歸化日本耳。

年譜頁二十三又云：

　　釋澄一亦中國遺民遁跡空門者，先生七十歲時尚有書與之，姓名待考。

案澄一杭州人，於承應二年（一六五三）渡日，元祿四年（一六九一）寂。留日三十八載，住長崎興福寺。延寶五年（一六七七）曾歸國邀名僧心越興儔東渡。以醫名，號慈濟軒，著慈濟軒方書六卷。其人與舜水同鄉，似自少爲僧者。事見續日本高僧傳卷一及皇國名醫傳。

年譜三十七頁云：

啓超又案，前書中有姦人讒賊，種種煩言等語，蓋當時一事實。與安東守約書（卷九頁七）云，丈夫但不媿於天地，不媿於衾影而已，不必求調於衆口也。如不佞與潁川齟齬，繁言沸騰，如琢與江口摭拾莫須有之疑，遂爲萋斐貝錦。如琢大肆蜚言，至今不佞必當落於汚泥之中矣。何以水落石出，終不能加我。緣我念頭不差，非彼所能汚。……所謂與潁川齟齬者，其人或是陳元贇。集中有答陳一雜帖（卷十二頁八），其辭不惡而嚴。元贇不知何許人，惟見日人近著之世界史年表，大書明人陳元贇歸化一條。想是當時一小小要人，殆其人與先生臭味不合，而比之者相與謠諑也。

案潁川居士似仍卽前述之陳明德。朱陳之交，始密終疏。完翁卒於延寶二年（一六七四）六月，舜水年七十五，客江戶，無弔問之文，或亦齟齬之故歟。完翁志操畢見於安東守約所爲碑銘中。舜水性格，過於方正，於先哲則譏議文信國，於時賢則鄙夷鄭延平責難張倉水，與之不調者，非必爲小人。惟華人流寓長崎，以潁川稱者，尙有紹興人陳九官之後爲潁川官兵衛，陳冲一之後，爲潁川藤右衛門，陳一官之後爲潁川八郎，然似皆與舜水無甚關係。要之與相齟齬之潁川，決非陳元贇。元贇字義都，號既白山人（一五八六—一六七一）明虎林人。應仕不第，萬治二年（一六五九）因使事至日本，歸化不歸。仕尾張侯，以袁中郎詩授僧元政，鼓吹性靈，有元元唱和集。善襲陶，「元贇燒」爲名古屋特産。以武術授福野七郎左衛門等，貢献於日本柔道改進，著有老子通考、長門國誌、升庵詩話等。其事見先哲叢談名人忌辰錄等，而名古屋市史中考之尤詳。舜水與元贇言詩之主張雖不合，而似無齟齬。其答陳元贇書（文集卷十）亦情理兼盡，非其辭不惡而嚴也。文集卷十二野節書亦有「明日走候陳元贇敝鄉親」之語，可見其有相當往來，舜水未甚薄其人。（參看本書陳元贇評傳篇）年譜頁三十二云：

「獨立蓋亦明之遺獻。先生後此尚常與通書，其姓名待考。」案獨立杭州人，姓戴名笠字曼公。（一五九六—一六七二）能詩，工篆隸，精岐黃。永曆七年（承應二年）渡日，後從隱元禪師削髮爲僧。曾爲舜水療疾。其醫術書法見重於日人。以痘科傳池田嵩山，以書法傳北島雪山及高玄岱。有天外老人集等著。（事詳東條琴臺先哲叢談續編中。惟牽附著永陵傳信錄之吳江戴笠爲謬。參看本書明季兩戴笠事蹟考篇）

年譜三十六頁云：

壬寅（永曆十六年）安東守約欲介伊藤誠修來見，先生數書止之。啓超案伊藤誠修爲人，本末未詳。先生於當時日本士大夫皆取來者不拒態度，獨於此人絕之如此其亟，殆必有故。

案舜水於誠修並未始終絕之。文集馬本卷十二答安東守約書云，「伊藤誠修兄策問甚佳，較之舊年諸作，遂若天淵。儻由此而進之，竟成名筆，豈遜中國人才也。敬服敬服。……二兒作本不應批閱改竄，因賢契之言，遂不顧僭越耳。至若門人之稱，恐非所宜。好爲人師，古今通病。且恐世人未必復有安東省庵也。」則誠修爲人，約略可見。舜水態度，仍是來者不拒矣。

年譜五十頁云：

先生卒後之三年乙丑（淸康熙二十四年），先生孫毓仁重來日本，拜墓而返。

案史館舊記云，「貞享二年毓仁復來長崎，先生已殁，爲文致祭而歸。」西州投化記云，「毓仁字天生，貞享二年再來，舜水已殁。欲拜其墓，國禁不許之。義公遣佐佐宗淳以舜水所自書其祖先紙牌履歷及白金賜之。」是毓仁之來，僅至長崎，未能拜茨城縣久慈郡大田鄉瑞龍山之舜水墓。（淸史稿遺逸傳謂舜水墓在長崎者，誤。）

（四）

舜水與王陽明同里，然烶相焰，鳴雞相聞。其於陽明之學說爲人，作何觀感？黃梨洲後舜水十年而生於餘姚，且均志在恢復，譜中謂同在舟山軍中，而始終不相聞問，似亦有不願輕與作緣之意。此其眞相如何？兩人學說性行之比較如何？章實齋謂「浙東之學，自三袁之流，通經服古，絕不空言德性。」又謂「浙東之學，言性命者，必究於史。此其所以卓。」（文史通義內篇二浙東學術）此與舜水之學風，有無淵源關係。舜水數至長崎，飄泊暹羅安南，其時中國東南沿海貿易交通之狀況如何。其初泣江戶，東武之學風人才如何，所其以補編救弊者何在，譜中記其鄙夷鄭延平（成功）自爲事實；惟此與魯王唐王兩派之爭，有無關係。舜水觀察是否正確。集中於張蒼水（煌言）不無微詞，譜中刊落其文，不知爲爲賢者諱歟，抑以行一不義，殺一不辜得天下不爲，近於書生之迂論歟。凡此者皆注意舜水事實者所欲知之問題也。然譜中或語焉不詳，或略未涉及，而全文已洋洋四五萬言。能無擇焉不精之譏歟。核其引據，自馬編舜水遺書及其附錄外，漢籍不過數種。日人撰著，即朱舜水紀念會所輯之紀念冊，（明治四十五年六月東京刊，收遺像及德川賴倫侯稻葉君山等論文）彰考館所纂之朱舜水記事纂錄（大正三年六月吉川宏文館刊）亦未見及，更無論于舜水友生之關係撰著。以著者之博雅，並久寓東土，而本篇之憑藉乃如是貧乏，亦可異也。

十、陳元贇評傳

明季華人流寓日本，於東瀛文化有重大貢獻者，爲朱之瑜（舜水）、隱元、戴笠（曼公號獨立）、陳元贇。舜水傳儒學，仕水戶藩爲國師，以尊王重禮尙實之義，振導於朝野。隱元以黃檗名僧，開宗扶桑，門下龍象輩出，法化之隆，媲於唐之鑑眞，宋之道隆。戴笠則以書法醫術沾溉士林。元贇本一布衣，其東行視三人爲獨先。日本本佛國，而元贇宏道書。著老子通考，訓點行世。又以公安派詩文、書法、製瓷、武術縱橫活躍於多方面。影響之大，視三人無多讓焉。蓋一極具異彩之生活也。玆鈎稽其事蹟爲本篇。

一、傳略

陳元贇字義都，別號旣白山人，瀛壺逸史，又稱菊秀軒，別署芝山升庵。浙江杭州人，生明萬曆十五年（西元一五八七）。幼聰敏，通經史，應科擧不第。天啓元年（日本元和七年），單翔鳳奉福建總兵命渡日議倭寇事，蓋自慶長末，沿海日本浪人與漢奸相結，刼掠渡日商船，閩浙人苦之，故檄請日本約束也。元贇與沈茂人從行。江戶幕府得書不悅。謂日明交涉，例經朝鮮對馬，不能與閩浙開議。留三月餘，不得要領而歸。元贇之留京都也。曾與幕府儒臣林道春（羅山）唱和，聲華出專使上。（註一）

元禎歸國應試，終不第（註二）流寓湖北。時明故不綱，流寇紛擾，遂絕意仕進。日本寬永十五年（崇禎十一年），再渡海抵長崎，遂定居不歸，時年五十二，蓋先於戴笠（獨立和尚）之渡日者十三年，先於朱舜水之渡日者二十年。

元贇由長崎入江戶，寓城南西久保之國正寺，以武術授徒。名古屋尾張藩主毛利義直（敬公）好文學，獎藝術，名士堀杏庵等奉召先後入幕。耳元贇名，辟爲客，備顧問，供廩六十石。元贇感知遇，盡心事之。（註三）萬治二年（清順治十六年），始識深草瑞光寺詩僧元政。元政本名石井吉兵衛，京都人，幼仕彥根藩主井伊直高。年二十六，致仕爲日蓮宗僧。供養父母，竭盡孝敬。工和歌漢詩。少元贇三十六歲，與爲忘年交。元贇授以袁中郎集，相與唱和不倦。寬文二年（康熙元年）春，元贇赴京都，秋始歸。二人唱酬之作，多成於此時，因合編爲「元元唱和集」，次年刊行。（註四）又共讀吉川市之亟氏古籍於會心亭，元贇詩所謂「萬帙縹緗鄴架餘，上窮鳥跡下龍魚，伽黎縫掖忘緇素，貝典芸篇對獵漁」也。元政時以詩文呈元贇潤色刪正，禮敬甚至，獲益匪淺。（註五）

元贇往來京都，名古屋間，與詩人石川文山文士鵜嗣石齋交，相贈答。有虎林詩文集。石齋訓點群籍，用便初學，傳亦受元贇影響，因杭州出版業盛行，可資啓發也。

日本寬文十一年（清康熙十年西元一六七一）六月九日，元贇以八十五歲高齡卒於名古屋城東九十軒町。九十軒乃元贇號「菊秀軒」之通音，以元贇居此，故以名町。葬建中寺，碑題「大明國武林既白山人廣學陳元贇，寬文十一年辛亥六月九日歿」。其旁有「白翁道元碑」，則元贇娶和婦所生子。名元明，俗稱源太郎之墓。元明不能世父學，爲人所輕。門人著者有穗積璉，號元庵，通稱武平，名古屋人。

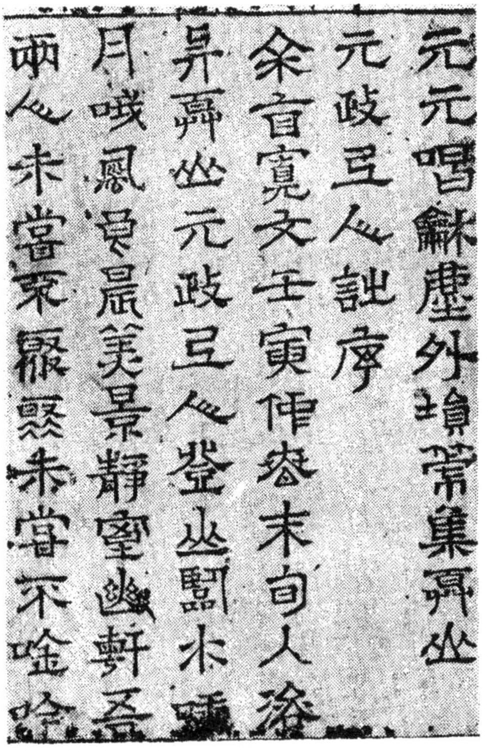
元元唱龢虛外增常集再出
元政上人詋序
余自寬文壬寅仲秋末旬入洛
昇再出元政上人登山賢木
月哦風曼晨美景靜室幽軒吾
兩人未嘗不聚未嘗不唫吟

二、思想與著述

元贇治老子書有心得，爲「老子通考」四冊，題庚戌大明武林既白山人陳元贇拜撰。庚戌爲寬文十年（淸康熙九年），乃元贇卒前一年成書，寶永二年乙酉（淸康熙四十四年）一條通富倉太兵衛訓點板行。其書首葛洪序文，次本文，分爲經上下，又各分爲本末，共八十一章，如通行老子本。各章後列河上公註，次乃集各家爲考釋。引據繁博，如「開元御注」，蘇轍「道德經解」，林希逸「老子口義」，焦竑「老子翼」等，均見采獲，而錄蘇林之說尤多。大約株守河上公註，而與以敷衍。於蘇林等說，則時有異同。

元賁賛老子之書謂，「明乾坤之微妙，不少錙銖；盡萬境之事，爲大毫端」，（老子通考序）其所作澄心堂記謂「今兹地名清水，取其義與吾清心寡慾之方寸相浹洽。……由是而清一心以清一身，清一身以清一國，而澤及萬民者，此地之觀感觸發以濬其源也」。（名古屋市史地理篇引松濤棹筆）蘇轍以爲「後世執老子之言以亂天下者有之，而學孔子者無大過。」元賁爲之辯，謂此乃得之不知學，行之未練，不宜歸過老子。（還淳第十九註）。是於李耳之教，浸淫甚至。元元唱和集中亥疊字適意歌，殆其自述，詩云：

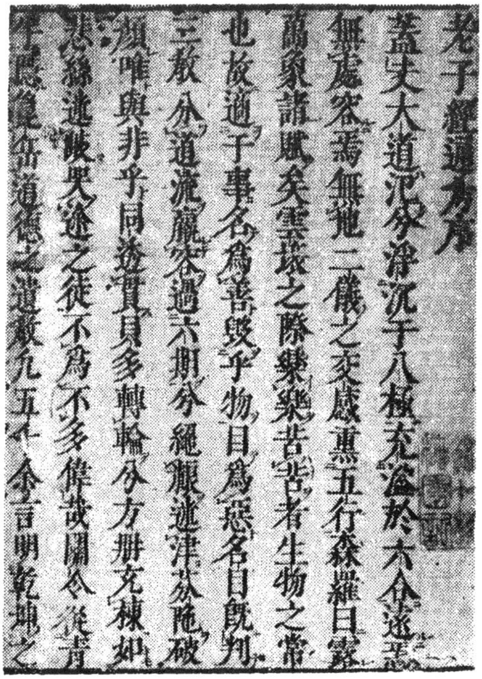
老子經通考序
蓋夫大道汎兮滑沉于八極充溢於六合逑兮
無處容焉無覺二儀之交感熏五行森羅日露
萬象諸賦矣雲垓之際槩樂苦苦者生物之常
也故適于事名爲善毀乎物目爲惡名目既判
三教分道流麗各適六則分繩擬逑津芬施破
類唯與非乎同途實貝多轉輪分方册充棟如
悲絲逑岐哭途之徒不爲不多偉哉關令尹喜
平既得道德之遺敎九五千言明乾坤之

（寶永刊老子通考序）

「是是，知止而止。訪仙山，觀海市，可臥即床，可凴即几。方輿爲我茵，圓蓋即我被，夢來夜發筆花，雨過簷添研水。獨行顧影月不猜，谷養玄牝神不死。靜以探乎三才奧義，動以交乎四方髦士，既知進知退，知存知亡，亦忘去忘就，忘譽忘毁。吾能有吾環轉瀟落襟懷，豈得不謂無名抱朴之子。」

詩雖非佳，而作者思想襟懷，略可想見。

世以元賓去國當鼎革之交，多與朱之瑜，戴笠之浮海完貞，等量齊觀。然三人實有不同者。舜水、曼公皆才猷煥發，接迹名流。一旦目睹陵谷變遷，逃死東遊，念胡騎而眥裂，歌麥秀而淚下，故國之思，無時或已。元賓渡日在崇禎十一年。九宇雖擾，而國步未移。東行以後，意致悠閒。偶作云：

「園林幾樹盡蒸霞，髣髴秦人避世家。我不避秦惟避俗，山居不問水流花。」

偶有羈旅懷鄉之作，亦多歎老嗟卑之小我感觸，惆悵之中，寓以輕鬆。如對月思鄉云：

「年來蓬鬢歎飄零，秋月悲鳴月下鈴（蟋蟀一名月下鈴）。鴻雁不傳鄉國恨，杵砧長動旅魂驚。窗前皓月樽前看，曲裡關山笛裡聽。潦倒孤踪徒莌結，扶疎桂影任冥冥。」

惟其「澄心堂記」作於順治十七年，「老子通考序」作於康熙九年，均署大明國號，是元賓固亦不帝清者。

元賓之文，可見者皆和習甚重。老子考亦蔓衍拖沓，疑多譌奪，難於卒讀。其言詩，推重袁中郎，故獨有取於僧元政之「幽奇清逸，爽朗透脫」。先哲叢談卷二記介紹中郎集於元政之事云：

「元政詩文慕袁中郎。此邦奉袁中郎；蓋以元政爲首，而元政本因元贇知有中郎也。元政書曰，數月之前，探市得袁中郎集，樂府妙絕不可言，廣莊諸篇，識地絕高。瓶史風流，可想見其人。又尺牘之中言佛法者，其見最正，余頗愛之。因足下言知有此書，今得之讀之，實足下之賜也。」

草山元政上人年譜稱元政曾校讐袁中郎全集，蓋沈潛於此者甚深。「元元唱和集」中，元政送元贇之尾陽十詩，倣袁石公別陶石簣，韻脚體製，亦步亦趨，詩前有小序云：

「余嘗暇日與元贇老人共閱近代文士雷何思、鐘伯敬、徐文長等集，然愛袁中郎之靈心巧發，不藉古人，自爲詩爲文焉。今茲九月之初，郎夜正長而風遽冷，寂寂不睡，燈下擁被，獨閱石公之集，讀至別石簣詩，忽感老人近日將有尾陽之行矣，因效石公韻，綴狂斐十首，以擬陽關曲。」

元贇次韻酬之，謂「使他日好事者知有二元，如昔日之有袁陶」景慕之殷如此。元政序元贇詩謂「老人之詩，或賦或比或興，應物爲態，始無定跡。非禪焉，非儒焉，非幽人焉，非騷人焉，而似禪也，似儒也，似幽人也，似騷人也。種種色色，千變萬態，如水中之月，不可捏焉；如空中之花，不可摘焉。」可謂善頌。周作人先生讀元元唱和集謂：

（元政）送元贇老人之尾陽詩十首之三，全詩凡五韻，今錄於下。「邂逅遇尾城，至今已四載，今年遇洛陽，來往勞孤拐。淸談無點俗，相忘如痴騃。君能言和語，鄉音舌尙在，久狎十知九，旁人猶未解。」元贇和詩其一云，「公是道安能說法，我非曼倩好詼諧」，尙有意趣。其二末四句云，「方言不須譯，却有頴舌在，坐久笑相視，眉語神自解。」有如角觝，工力便不能相敵。蓋元政受五山文學的流派，自有洒脫之趣，元贇則乙榜出身，猶多縶縛。二人雖同是景仰袁中郎者，其造就自不免有異也。

所論右元政而左元贇，就詩言詩，吾人實有同感，此自關於個人才情，無可如何。惟歸其縶縛於乙榜出身，則有可商者，元贇是否乙榜，尙有問題，若中郎曾登甲榜，則固未受制義若何縶縛矣。

元贇別著有「虎林詩文集」、「長門國誌」，未見，似未刊行。昇庵詩話一卷，以寫本行世，乃山邊松校錄筆記六十六項，有元祿四年（康熙三十年）跋，時元贇卒後二十年也。山邊松爲元贇友人。

三、書法與製陶

元贇書宗趙松雪，娟秀有風致。江戶國正寺多藏其手蹟，罹災今皆無存。元元唱和集刊於寬文三年（一六六三），元政元贇互爲序。元贇序書法混大篆、小篆、隸書、別體於一篇。元政序則書譜以後之草體，與日本傳統草法異，逼近子昂書風。核以今行草山集卷首所刊元政上人宇治偶成眞蹟，確知爲元政自書。元贇旣有能書名，故推測其序當亦爲自書。政序題「寬文二年（康熙元年）冬十月下浣日」，如兩序爲同年作，則爲元贇七十五歲書也。

萬治三年（順治十七年），江戶戶山之尾張藩邸成，藩主毛利義直於園中築窰，名爲「御深井燒」，或稱「御庭燒」，使元贇主之。用瀨戶土，倣安南製法，自爲書畫，施青白色之透明水彩，爲時人所激賞。名古屋陶工倣之，轉相傳授，稱爲「元贇燒」，行銷甚廣。名古屋至今爲日本製陶名地，與元贇不無關係。

四、武術與雜藝

日本有所謂柔道者，取柔以克剛之義，以鍛鍊身體，修養精神爲目的，以虛靜調息爲術，能不戰而仆敵。相傳元贇實傳其技，然柔之爲術，元贇東渡前日本似已有之。寬永中（明天啓崇禎中），關口柔心已以「柔術」名於國內。元贇之功，爲改進完成柔術，所謂「當身」「殺活」之術，確爲元贇所傳入。其爲術乃以拳肘或足尖銳擊敵人之要害，如天倒（前頂）烏兎（眉間）人中（鼻下）祕中

（喉）水月（鳩尾）等十餘處，能使敵一時氣絕，略近於今日武術家所謂點穴者。元贇寓江戶國正寺時，浪人福野七郎左衛門，磯見次郎左衛門，三浦與次右衛門，三人寓同寺，元贇語以大明捕人之武術，三人苦心研究，遂通蘊奥，遍傳各地，屢有改進，漸與日本固有之柔術混合，迄今與西式體操並重於體育界。（註六）

元贇多才藝，名古屋有茶食曰「板元賓」，爲彼所創製。又有刑具曰「十手」，相傳亦彼所輸入。

元贇東渡時年已五十二，然以久留扶桑，遂嫻和語。元政送元贇之尾陽詩十首作於老人七十六歲時，謂「君能言和語，鄉音舌尚在，久狎十知九，旁人猶未解。」元贇和詩謂「方言不須譯，却有頴舌在。」均可爲證。其「月前戀」一詩，下註「和歌題」，則並能讀和歌而倣其語法矣。

正、並時僑日華人之交遊

元贇與日本各界之關係，略如上述。至並時僑日華人往來最密者爲張振甫。振甫瑞圖之後，號壽山，明人，原籍不詳，以食醫仕明，主辨飲膳之能毒，明食性。元和中（明萬曆末天啓初）歸化日本，初居京都，尾張藩義直迎禮之，以醫著，從隱元木菴研究佛學有所得。藩主光友愛其人，賜地上野山中，稱爲振甫山。延寶八年（淸康熙十九年）後元贇九年卒。二子振海振哲，並業醫。今名古屋附近有地名「振甫新田」者，卽由張得名，其後人居名古屋，世以醫名。（註七）

朱舜水後元贇二十年渡日，仕水戶藩，聲華籍甚。二人均浙產，天涯淪落，相憐同病，自爲常情。惟舜水志切光復，元贇情殷忘世，舜水闡揚理學，元贇耽悅二氏，舜水以吟詩作賦爲棄日廢時，元贇則結納刊集，風雅自喜，思想性格，旣如枘鑿之不相容，其落落寡合，本無足異。舜水文集卷十有答陳元贇書云：

弟淺衷薄植，無足比數。至此亦惟閉門掃迹，不爲屑屑往來。如何村翁之賢，亦未嘗識荊。乃叨謬愛，涓日寵招，雖愧不敢承，然台臺屢道其誠，又不敢辭以自外。至日卽當趨候。惟天雨著屐卽不能耳。咋枉顧，以急於言旋，疎慢殊甚，深用爲愧。先此奉復，諸容晤磬，不宣。

又文集卷十二答野節書有「明日走候陳元贇敝鄉親」之語，是二人間頗有過從，而舜水初未甚薄其人也。梁任公先生朱舜水年譜以元贇與潁川居士陳入德混爲一人，遂謂其「相齟齬」，「比之者相與謠諑」，非事實也（註八）

十年前余讀木宮泰彥氏「中日交通史」，始知有陳元贇其人。嗣閱今關天彭氏「近代中國之學藝」，曾抄譯所記元贇事涯略。民國二十六年旅寓江戶，得見「先哲叢談」、「名人忌辰錄」、「尾張名家誌」「尾張故記」、「草山集」、「羅山詩文集」、「和事始」、「工藝鏡」、「陶器考」等書，輯其軼事得若干則。訪其著書於故肆中，而竟少所獲。其後由知堂老人苦雨齋得讀初刊「元元唱和集」，由笹野堅教授之介紹，得森銑三先生之協助，始得訪德川義親侯蓬左文庫，匆匆披覽名古屋市史所根據之文獻。而兩次東遊，終未能赴尾張弔君之遺墓。余求君之事蹟，其爲時不爲不久，用力不爲不勤矣，聯綴之僅得此篇。惟君生長名都，才藝秀出，乃應科學仕，如逆水之行舟，馳驅楚越，竟一籌而莫展。茫茫禹域，坐困鹽車，童童華髮，一桴浮海。孤館蕭寺，求知音於浪人稚衲，蘧下籬前，甘升斗於藩臣厮養。生前之幽懷畸遇，在在堪憐，死後記其事者，亦復單文孤簡，難窺全豹，傳訛傳疑，譏評間出。余摭拾叢殘，夙具赤誠，盡見遺篇，尙辜本願。所冀博聞君子，補其闕失，匡其不逮，俾得再訂詳傳，昭爲信史。惟君靈爽，實式憑之。

附註

（註一）羅山記會屢以公務晤明使，單鳳翔僅略通文字，不能詩，曾與隨員陳元贇唱酬。

（註二）日本記載多稱元贇爲擧人，應會試不第。然予檢康熙二十三年及乾隆元年「浙江通志」選擧志，並康熙二一十五年乾隆四十九年民國十一年「杭州府志」選擧志，明季擧人中並無其人。遍檢陳姓各人，亦無疑似者，故曾登乙榜之說，恐不可信。往昔華人流寓日本，或奢稱門閥，如漢高苗裔，秦太子扶蘇後人，魏明帝子孫之類是。或虛飾科第，如朱舜水爲一諸生，其本人並不妄言，而當時皆傳爲「兩榜」。本人自炫者有之，而交遊虛相推重者亦有之。

（註三）元贇有寬文壬寅冬日謁拜水野應夢山定光寺亞相源敬公（即義直）寢陵一律云：「寄跡東溟數十春，感公升斗活窮鱗。幾年闕顧瞻無自，今日玄宮拜有因。驥困鹽車憐伯樂，龍埋神劍辨豐城。白頭一滴酬知淚，銘德千秋永不磷。」略可見與敬公關係。

（註四）周作人先生讀元元唱和集云：「集內元政元贇詩各一卷，二人互爲序，題寬文二年，次年刊行，即西曆一六六三年。我這一部新從名古屋（其中堂）買來，舊敝多蟲蛀。末葉有墨筆題記二行云，此書上下兩冊，以清酒一升從僧貞中易得。貞中不知何時人，蓋亦是風雅和尚，配得讀元政詩者。」案今有活版刷小本，京都平樂寺書店發行。

（註五）元政與元贇書云：「山野試筆詩偈二篇，係之楮尾，冀者勿靳細評而爲皮裏陽秋。」又云：「呈覽病課一軸，辱蒙垂音，細賜批評，如弄死蛇作活龍，痛快痛快，於是頓覺宿痾如洗。」（草山集卷三）元政著有草山集，草山和歌集，草山要路，本朝法華傳，唐法華傳，扶桑隱逸傳，釋氏二十四孝，宗門緊要集註，如來秘藏錄，身延行記，法華題目和談鈔，小止觀鈔，食醫要編等書，今俱行於世，瑞光寺及平樂寺藏版元政上人著書，均京都平樂寺書店發行。

（註六）下川潮著：「陳元贇卜柔道之始祖」見史林六卷二期。

（註七）名古屋市史人物編第十四。

（註八）梁著「朱舜水年譜」見林志鈞編飲水室合集專集第九十七，民國二十五年四月中華書局版。本書所收梁著朱舜水年譜補正」一文。曾辨及此事，可參看。

十一、明季兩戴笠事蹟考

明末江南有二戴笠，俱以遺民會道跡爲僧，且均列名於鷲隱詩社，與當時諸名士往還。其一杭州人，後桴海至日本，事名僧隱元爲弟子，法名性易，字獨立，留日十九年而卒，傳書法醫術於東瀛，爲中日文化交通史上之重要人物。另一則吳江人，終老國內，著書數十卷，多記明季史事。朱彝尊明詩綜誤合二人爲一，日人承之，自西島長孫之坤齋日鈔，東條信耕(琴臺)之先哲叢談續編始，迄近年木宮泰彥之中日交通史，竹林貫一之漢學者傳記集成，及大日本人名辭書，謬悠相傳，二百餘年而不能正。今關天彭教授著「日本流寓之明末諸士」始發見其誤，然氏未見吳江縣志，不能舉耘野卒年。於二人著作性行亦語焉不詳。又仍朱誤以明詩綜所錄曼公詩爲耘野作，未爲定論。茲以中東典籍，爲詳密比勘，考定二人事蹟，分別記之如下。

一、吳江戴笠（耘野）

戴笠字耘野，吳江人，祖天叙，以節義著。

據乾隆吳江縣志卷三十三隱逸傳，（以下省稱志傳）朱彝尊明詩綜卷七十九，謂笠初名鼎立，字則之，改今名，更字耘野，又字曼公。案又字曼公之說，他無所據。友人謝國楨「晚明史籍考」卷七引上海涵芬樓藏流寇編年稿本讀萬閣主人跋謂笠字耘野，初名鼎立，字則之，冒沈姓。生於明萬曆四十二年八月十二日。

潘耒「遂初堂集」卷十戴耘野先生六十壽序（以下省稱壽序），昭陽赤奮若之歲，中秋前三日，爲吾師戴先生六旬初度。爾雅太歲在癸曰昭陽，在丑曰赤奮若，癸丑爲淸康熙十二年（一六七三）由此逆推，笠當生於萬曆四十二年（一六一四）時顧炎武二歲，杭州戴笠年十九歲。

幼孤貧，力學補諸生

見志傳。流寇編年稿本跋云，受知章日炌，以冠邑軍爲縣庠生。

爲人和而介，與人居藹如也，自守非其義，一介不取。

志傳

乙酉後，棄諸生入秀峰山爲僧。

見志傳，案甲申（一六四四）三月，李自成陷北京，乙酉（一六四五）四月淸兵陷揚州，五月福王被執，明亡，時耘野年三十二。

久之，返初服，隱同里朱家港。茅屋三間，旁穿上漏，炊烟時絕，略不繫懷。城市不至者四十年。

見志傳，壽序云，「其初感憤佗傺，至逃於浮屠，既乃抱遺經，教授荒江之濱，轉側兵氛間，屢瀕危殆，復兩喪德配，連失愛子，宗祀不絕如綫。

順治七年，與葉桓奏，顧炎武，潘檉章，歸莊，結驚隱詩社於吳江唐湖之古風莊。名士雲集，皆明之遺民也。杭州之戴曼公笠與焉。

楊鳳苞秋室集卷一書南山草堂遺集後云，「明社既屋，士之憔悴失職，高蹈而能文者，相率結爲詩社，以抒寫其舊國舊君之感。大江以南，無地無之，…………而驚隱詩社又爲吳社之冠。汾湖葉桓奏社中之領袖也。家唐湖北渚之古風莊，有煙水竹木之勝，歲於五月五日，祀三閭大夫，九月九日祀陶徵士。同社麕至，咸紀以詩。今攷入社名流見於桓奏南山堂集者略具。若上則范梅隱（風仁），沈雪樵（祖孝）、金完城，陳雁宕（忱），禾中則顏雪臞（俊彥），朱載揚（臨），鐘琴俠（愈），武林則戴曼公（笠），玉峯則歸元恭（莊），顧甯人（炎武），梁谿則錢礎日（肅潤），吳門則陳皇士（濟生），程杓石（棅），施又王（諲），同邑則吳匡廬（玗），東籬（宗潛），南郡（宗漢），西山（宗泌），芳時（沛宗），赤溟（炎），北窗（宋），曜庚（在瑜），融司（南杓），石城（嘉楠），顧茂倫（樵水），戴耘野（笠），潘力田（檉章），葉開期（世侗），周闇昭（燦），機高（爾興），其凝（撫辰），安節（安），朱長儒（鶴齡），不遠（明德），鈕晦復（明倫），蓀如（棨），王兆敏（錫闡），雲頑（礽），沈建芳（永馨），彥博（泌），李北山（恆受），錢鏑銘（重），金寶武（甌），彥登（廷璋），公覲（始垣），耳詔（成），顏子京（祁），鏑賓王（嶔立）。跡其始于庚寅（一六五〇）終于甲辰」（一六六四），案沈彤震澤縣志，乾隆吳江縣志舊事中記驚隱詩社與此略同。武林之戴曼公笠，與吳江之戴耘野笠同時列名，明示爲兩人，時耘野年三十七，曼公則已五十五矣，又三年而曼公有蹈海之行。

與潘顧等交最摯，炎武曾讀任鈞衡（大任）著「易學綱領」於耘野處。

亭林餘集與任鈞衡書

順治十四年（一六五七），炎武北遊齊魯，笠與歸莊，王礽會於潘檉章之韮溪草堂，有思顧亭林聯句之作，炎武報之。

亭林集卷三有酬歸祚明，戴笠，王礽，潘檉章四子韮溪草堂聯句見懷二十韻，有「詞堪爭日月，氣欲吐虹霓，風流知不墜，肝膽幸無睽」之語。

康熙二年（一六六三），南潯史獄起，吳炎，潘檉章被難，驚隱詩社散。

南潯史獄者湖州莊廷鑨以著明史觸清人忌諱，莊氏一族死者十八人，與著書刻書鬻書讀書有關坐死者七十四人，潘檉章吳炎因列名參校死之。二人皆驚隱詩社社員，潘且與耘野共纂明史，炎武極稱其史才也。遺著有國史考略殘本六卷。時曼公渡日已十年，居長崎，有大火之厄。

自史禍起，人以著述爲忌，而笠處之泰然。

詩序，「既負著述之才，思輯其見聞以垂信後世，而轉喉多諱，懼觸駭機，雖先生於毀譽禍福之數，處之泰然，而集木臨淵，懼少貶其志節者，蓋三十年如一日焉。

康熙十二年（一六七三）年六十，門人潘耒等爲之壽。

壽序，「昭陽赤奮若之歲，中秋前三日，爲吾師戴先生六旬初度，弟子旅拜於堂，齒揖於庭，濟濟然陶陶然，……先生今鬚髮蒼然，而有嬰兒之色，五十後舉兩丈夫子，所著書裒然有成。」潘耒者檉章之弟，幼從耘野學，並爲炎武高足，後仕淸爲翰林院檢討，有「遂初堂集」等著。前一年（一六七二）十一月曼公卒於日本，年七十七。

康熙十五年（一六七六）年六十三，炎武有與耘野書，述平生志事，並勗其著述。

亭林文集卷六與戴耘野書云，「一別二十載，每南望鄉闕，屈指松陵數君子，何嘗不緬想林宗，長懷仲蔚，音儀雖闊，志嚮靡移。……遂審素履無恙，風節彌高，已成三輔之書，獨表千秋之躅，晨星碩果，非君而誰，……尊著流寇編年，殉國彙編聞已脫藁，所恨道遠，無從披讀。」

康熙二十一年（一六八二）秋卒，年六十九。

志傳云「康熙壬戌秋夜睡，忽語喃喃不休，至旦一笑而逝。」流寇編年稿本跋稱年六十九卒，與志傳合，又謂門人私謚貞孝。

著書數十卷，海內著述家咸服其博。

志傳

有永陵傳信錄六卷

四庫總目卷四十九史部紀事本末類存目（江蘇巡撫採進本），明戴笠撰，笠字耘野，吳江人，是書用紀事本末之體，一曰興獻大禮，一曰更定郊祀，一曰欽明大獄，一曰二張之獄，一曰曾夏之獄，一曰經略倭寇事，各爲卷，每卷皆先敘而後斷。其論河套事，謂爲難效之功，幸觸犯上怒，其事中止。不然請兵轉餉，工役騷擾，禍患將有大於是者。云云，則自宋以來儒者因循苟且之見，所以終明之世，無一日無邊患也。

東條琴臺「先哲叢談讀編」以爲永陵傳信錄著錄於文淵閣，非入存目，因以見作者學術之純正。不知何以疏失至此。

流寇長編二十卷

謝國楨晚明史籍考卷七，「明吳江戴笠耘野撰，崑山吳橋修齡同輯。是書即吳江潘檉章纂明書，戴氏分任之一。潘氏罹莊氏之獄，此書亦成碩果。遂初堂集之寇事編年，殆即是書。近上海涵芬樓藏有鈔本。江安傅沅叔先生錄鈔本見貽。僅此洋洋序文，痛見當時利弊，已足千古，今備錄其文。（略）又云涵芬樓又藏有流寇編年三卷，亦即流寇編年之簡本，其卷首一卷，即長編之序也。」潘耒遂初堂集卷六寇事編年序云，「亡兄有意編纂明代之書，先師戴耘野先生爲之任寇事。崇禎一朝無實錄，取十七年之邸報，與名臣章奏，私家記載，採輯成書。用編年體，排日繫事，不漏纖毫。依司馬溫公先叢目次長編後通鑑之法，寧詳毋略，寧瑣毋遺，提綱綴目，有條有理。自延綏起事，迄山西餘黨之滅，凡十八卷。吳梅村作綏寇紀略既刻成，有以先師之書告者。購得數卷數曰，志寇事自當以編年爲正，恨見書此晚耳，先師既沒，未求得其稿，崑山吳修齡以爲太繁，稍加刪節，附著己見，頗有發明。」

吳敬坻蕉廊脞錄卷五云，「是書記明季流賊始末，起崇禎元年戊辰，終康熙三年甲辰，前十七卷以一年爲一卷，排比月日，記載纂詳。卷十八下增甲申剩事四字，其叙闖獻事，兼載弘光隆武永曆三王事，至桂王爲吳三桂戕害而止。末有流寇終始錄一卷，補遺一卷，前有自序二首……論國事敗壞所由，凡四十八事。於天崇兩朝朝政之窳，兵機之失，言之痛切。是書僅鈔本爲禮邸舊藏，有宗室文慤公家世藏，禮邸珍玩，壇尊藏本，禮府藏書，四印。伯羲祭酒藏書之一。（書面有王文敏公題字），近爲張菊生所得，藏涵芬樓，余借觀，記大略如此」。

殉國彙編三十卷

遂初堂卷集六，殉國彙編序云，「崇禎非亡國之生，以一死殉社稷，實亘古所無。足動人思，而激發其忠孝宜也。然載筆之士，往往拘於忌諱，使不登志乘，不列簡編。歲浸久遂湮滅無聞。䔞耘野先生有憂之，銳以編纂爲己任。懷鉛握槧，博訪旁詢。得一人一事，喜動顏色，折簡書之，孜孜汲汲，三十餘年，乃成殉國彙編一書。槀凡數易，初以地分，繼以事斷，最後定以官敘，自閣部大臣，以至布衣諸生，自京師以至滇黔閩粤，無慮千餘人。又以女子死節者別爲骨香集，隱遯後死者爲耆舊集，通三十卷。……先生一儒生而忠義性成，乙酉秋嘗欲從屈平遊而不得，逃於浮屠，既乃歸里教授，終身不入都市。於編中諸人，寤寐以之。殫一生心力，從事於此，晚年嘗失其書，傾產購得之而不全。復搜討足成之，其勤至矣」。

案秋室集南疆逸史跋，耘野著書尚有「殉國外編」，一名「則堂紀事」，疑亦在三十卷之中。志傳謂別紀後死者爲「耆舊集」爲「發潛錄」，當均彙編子目之一。

行在陽秋二卷

神州國光社刊行中國內亂外患歷史叢書第十六冊收之。劒心跋云，右行在陽秋二卷，不著撰人名氏。小腆紀年引是書以爲劉湘客著。書中屢引湘客說，上卷二年二月瞿式耜檄各鎮援桂林條云，見劉湘客紀事，八月劉湘客赴行在所條云，見兩粵新書。事多未核。劉湘客撰瞿留守傳，實未嘗赴行在。四年十一月初六日孔有德破桂林條云，「劉湘客作初五日，」則非湘客所著明矣。今據乾隆蘇州府志定爲戴笠撰。……是書體做綱目，記載詳核。考桂藩事實者，必於是取資焉。原本多訛文奪字，今據小腆紀年釐正十之七八，每月朔必書甲子，大半亡闕，不據紀年訂補者。當時頒曆或有異同，如順治五年閏四月而明曆則閏三月是也。故悉仍舊貫，以存其眞云。

別著有「聖安書法」「思文紀略」「魯春秋」。

見志傳，秋室集卷二南疆逸史跋五謂，聖安書法記福藩事，思文紀略記唐藩。魯春秋記魯藩。後二書及行在陽秋謝國禎晚明史籍考未收，涵芬樓藏流寇編年稿本讀萬閣主人跋謂又撰三朝耆舊傳及遂初集。三朝耆舊傳不知卽殉國彙編中之耆舊傳否。

其詩見於「明詩綜」者二首，而殆非所作。

明詩綜卷七十九戴笠二首，秋望云「晴空浩無垠，一碧淨千里。有似至人懷，澄泓湛秋水。寒鴉起半山，孤飛不能已，蕭然萬感集，四顧蒼茫裏，」有感云，「老大徒傷事事非，三年客裏故山違。涼風動地迷衰草，白露浸人透葛衣。江漢數行鴻雁斷，天涯幾個友朋歸。凭欄盡日思佳句，西北遙瞻是落暉。」

朱彝尊靜志居詩話云：「笠字耘野，又字曼公，吳江人，縣諸生。曼公谷隱巖耕，不入城府，句如「愁邊細雨孤舟遠，夢裏青山故國春」，「夜雨聲中流水急，東風陌上野花開」。「眠鷗夢裏誰家地，啼鴂聲中故國秋」。大有孤山處士遺韵。其所記雖明爲吳江戴笠，然摘句中「眠鷗夢裏誰家地，啼鴂聲中故國秋」一聯，見於日本所傳獨立西湖感懷詩三十韵之第二十六中。彝尊當時何所據，今不可知，（明詩綜采摭書目雖見風晨閣叢書中，但不收專集及府州縣志）吾疑彼所錄乃杭州戴笠之詩，而以爲吳江之耘野。彝尊浙人，得曼公之詩易，而交潘耒，或因以知耘野之性行，不深考而誤合之。若然則明詩綜之詩亦獨立之作矣。（吳江志及其他記事均謂笠字耘野，無又字曼公之說。桐鄉志謂笠字曼公，無又字耘野之說，鷲隱詩社之名單則名同而字異，因以爲別。以耘野又字曼公，始於朱氏，而日人承之。姓名同，字同，別字又同，乃不近情理者也。

二、杭州戴笠（曼公）（獨立）

戴笠字曼公，杭州人。博學能詩，兼工篆隸，不欲以儒術顯，乃潛究素問難經諸書，懸壺濮里。崇禎中，楚蜀擾亂，曼公慨然曰，此非君子避世時耶，遂從番禺人乘桴入海，後不知所終。

上文見徐秉元康熙桐鄉縣志卷四，爲中國書關於曼公之僅有紀事。佩文齋書畫譜卷四十四書家傳二十三引其文，省不欲以儒術顯，至君子避世時耶之文，逕云崇禎中從番禺人入海。

日本所存關於曼公之史料，有曼公所著「有譙別緒自郯分宗記」，乃自記其先祖及閱歷，以示其孫者，最爲可信。東條琴臺所爲傳記，載先哲叢談續篇中，其資料多取於曼公弟子高玄岱之所記，除牽合華籍記吳江戴耘野之事外，亦多可據。以此爲中心，參酌朱舜水，隱元，安東守約等傳記著作，記其事如下。

戴笠字曼公，其先世居譙。遠祖安道（逵）於晉時移會稽之郯溪。其後有名耕一者，於北宋時移家管墅。入明有名直庵者，生子四人，其一子移寓杭州，爲曼公曾祖。父敬橋官銓部，母陳氏，六產而乳七子，曼公其季。明萬曆二十四年（一五九六）二月十九日，生於杭州仁和縣。

東條琴臺嘗觀曼公手澤本東坡詩集註，於先輩源益卿處，每卷有三印，一戴觀胤字子辰，二荷鉏人，三戴笠印。蓋戴笠之名因姓而命名，及晚年爲僧，名性易，字獨立，又有就菴，天外老人，獨立一閒人，㑺芳諸號，皆見於遺墨之印章。

天資穎悟，過目成誦，幼肄學子業，不喜八股文，天啓元年（一六二一），年二十五，杭州大火，家無子遺，乃棄呫嗶之業，放遊西湖。學醫於雲林龔廷賢，龔時八十餘，猶強健業醫。曼公盡傳其術。

龔廷賢字子才，金谿人。歷官太醫院，著有「萬病回春」，「濟世全書」，「壽世保元」，「痘疹辨疑，金鏡錄」「痘疹全幼錄」等書，多前人未發之說，爲世所重。

年三十，尙未習爲韵語。一日諸友迫使爲詩，即應聲曰：「我來溪頭坐，溪月留我宿。晴景十分清，江山競俊秀」。衆皆驚異。由是寄情聲律，清新自然，遂以詩名。兩京陷，福王擒，時年五十。薙髮令下，江南雲擾。兄弟

凋零殆盡。岌岌孤危，僅以醫糊口。然猶與諸名士遺民往還，列名於吳江之驚隱詩社。癸巳（一六五三順治十年）春，粵人有勸以乘桴桴海，快滌胸襟者，發帆，三月抵長崎。時日本承應二年也。長崎奉行甲斐庄喜右衛門（橘正述）特許其留日，居醫士陳入德家。

陳氏原名明德，後改入德，號穎川居士，亦杭州人，寬永四年抵日，業醫居長崎，精小兒科，著

心醫錄。爲人坦率，好濟貧乏，眷懷故國，有光復之思。安東省菴文集卷七有穎川入德碑銘。

是年餘姚朱舜水亦至日本，居陳家，與曼公晤，惟不久復返華。

見舜水集跋安南供役紀事

始訂交於築後柳川儒者安東守約省庵，以詩文相往復。守約深爲推重，有「學古胸中蟠萬卷，詞場眼底折群雄」之譽。

見省菴文集卷十次韵戴翁見寄，及和韵獨立師。守約篤學君子，即留朱舜水於日本，師事分俸贍之數年者。省菴文集十二卷，享保二年刊，罕見。余於東京岩崎氏東洋文庫讀之。

次年（順治十一年）福州黃檗山隱元禪師，受長崎興福寺聘渡日，爲僧俗所景仰，名重一時。曼公晤隱元，翻然有悟，遂於臘月八日皈依禪師，薙髮爲僧，法名性易，字獨立，時年已五十八矣。

隱元名隆琦，姓林氏，明杭州仁和縣人。主福州黃檗山，長曼公四歲，慶安四年（一六五一）其弟子也懶長老應長崎崇福寺之請東渡，途中溺死，深爲悼惜。後以日人四次請行，慨然曰，此乃子債父還也，遂讓法席於弟子慧門，以六十三歲高齡，自率徒衆渡日。說法長崎，後入江戶，謁將軍綱吉，開日本黃檗宗之始。延寶元年四月寂，年八十二。

明曆元年（一六五五）六十初度，隱元贈詩勉之。

普照國師廣錄卷二十五示獨立禪人六旬初度云，「錯過孃生六十春，于今更莫惹纖塵，撞頭磕額如麻葦，獨立乾坤有幾人。」

由是侍隱元爲書記，萬治元年（一六五八）從赴江戶，受當時老中松平信綱之尊崇，貴紳高官，見者無不歎慕。未幾歸崎，三年再東，掛錫幻奇山，居三年歸長崎。寬文三年（康熙二年）八月，長崎大火。由是居不擇地，所至爲緣，文墨之外，以岐黃濟世，起廢愈痼，不知其數，遠近目爲神醫。松平信綱河越城主，仕德川家光爲伊豆守，慧敏多智，參與幕政，輔幼主家綱，平島原之亂，嘗欲請曼公之河越，不果。

寬文五年（一六六五）三月，偕即非東渡，開山豐後國廣壽寺，東邀曼公，遂由宇治往司筆札，就山中營精舍，自扁曰白雲室。

即非名如一，浙江紹興人，隱元弟子，扶助隱元之法化，對於隆興日本黃檗宗，最爲有力。曼公追隨隱元，凡七年。後辭歸長崎，飄衲興福，福濟，廣壽等寺，而數省覲隱元，執禮如初。寬文十二年（一六七二）四月，其孫二人渡海來謁，始知老妻已卒，去國時六歲之長孫，年已二十五，蓋別十八載矣。因書「有誰別緒自剡分宗記」，以明家之系譜，施訓誡於子孫，而終不肯歸。時已枯臞雪髮，聵耳脫齒，而道行彌進。是年八月欲赴宇治黃檗山訪隱元，途中發病，使侍者祖命代行。平時健啖如壯年，至此飲食稍減。衆皆勸服藥，不肯曰，身非病，何藥餌之爲？倒臥匡牀，吟誦自若。一朝忽起索筆書偈曰：「鑿鑿麌麌傍海村，不忘殘夢繞空軒，咄，任他凍折梅花影，接却江南白玉魂」題罷，流然長逝，春秋七十七，僧臘十九年，實十一月六日也。侍者奉遺囑，護葬於宇治之黃檗山萬福寺，遺像氣宇俊偉，勁氣內斂，對之使人肅然起敬。

西村貞輯「黃檗畫像志」，所收曼公像二，均喜多元規筆。一爲吉永雪堂氏藏，上有曼公自題。（見一五〇頁圖十二）一爲本山悅心氏藏，上有曼公弟子高玄岱題詞。

遺著有「一峰雙詠」二卷「就菴獨語」二卷，外有「有譙別緒自剡分宗記」，均渡日後之作。門人高玄岱，別集其詩文爲「天外老人集」十五卷，玄岱之子右翁時罹火燒失，右翁惻怛不已。明和八年（乾隆三十六年一七七一）立獨立齒髮碑於東叡山護國院（東京上野），詳記其事。東條琴臺得「天外老人集鈔」二卷，天寶五年（一八三四）燒失。蓋自道光中葉，原集已不傳。

曼公之文，多已不存，其可見者如「有譙別緒自剡分宗記」（先哲叢談續編引，余曾讀鈔本於東京靜嘉堂文庫，末題康熙壬子四月中澣禿頂漢遺世獨立手筆。）及「跋安南供役紀事」（見朱舜水全集中）等，皆訛奪或至不可句讀，朱舜水與釋獨立書（文集卷四）云，「鴻論深入顯出，切中事機，據理辦駁，雖有利口，無所復置其喙。不偏不徇，當爲儒釋立一標準，固不朽之作也，

弟謂當函藏石室」，是曼公固亦能文者

曼公之詩今可見者，有西湖感懷三十首。

曼公在國內已有能詩名，安東守約譽之謂，「細撿新詩唐調奇，海隅誰識任王維。」先哲叢談後編謂其長篇巨作，下筆立成，藻思湧出，清新自然，洗脫糟粕，不襲成語。今其作之可見者，惟叢談後編所附錄之三十首，其中警句，朱彝尊靜志居詩話中已引之。疑一部或全部爲在華之作，而後經訂補者，及今觀之，東條所論，不無溢美之感。試錄一二，以見風格之一斑云。其一云「一鑑湖山似畫中，四時流賞古今同，波含倒影三千頃，堤飲垂橋十二虹，有美樓臺占地勝，無私花柳荅天功。江聲不息東奔急，愁切難回據犬戎」，其二十一云，「六橋堤接古今沙，沙暖鷗鳧占一家。自昔春風迷杜若，只今秋水冷蒹葭，投筆倚息人何在，吹角關門日未斜。剩得浮沉寒塔影，時時颭浪撥漚花」。其二十六云「慘淡湖波寒不流，亂雲零落兩峰頭。眠鳧夢裏誰家業，啼鳩聲中故國秋。寂寂斷橋沽酒路，沈沈倒影畫眉樓。而今莫向西泠望，一徑隄平錦帶浮」。

其樓頭風雨之句，使安東守約爲之感動繾綣，沒齒不忘。

省菴文集卷十和韵獨立師序云：「十九年前初謁華人獨立師於長崎，往復數次，屢沐德愛。及辭別賜佳製有樓頭風雨幾經過之句，適春雨時也。數歲之後，掛錫於敝廬，相別之日，亦經春雨，自是每值春雨，莫不追念」。又悼獨立師引云「予與獨立師唱和詩以叙春雨之歡，去年師已下世，今春春雨。不勝追悼，聊次前韵，以舒永訣之情云。」

其工篆隸見於佩文齋書譜。存於日本之遺墨，亦多精工。黄檗名僧自隱元，本菴，即非以下，無不工書，曼公爲隱元即非司筆札，殆亦以工書能文之故。書名甚著，片紙隻字，獲者珍重之。學長洲王履吉（寵）之書法，正鋒逼古。傳其法於北島雪山及高玄岱。

日本書法乃弘法大師（空海）由唐輸入，稱爲「和樣」。德川元祿中，細井廣澤盛唱唐風。門下有三井親和，松下烏石，澤田東江，市川朱菴等繼之，流風至明治初不改。廣澤乃北島雪山之弟子，即曼公之再傳門生。高玄岱長崎人，解華音，師曼公，善草書，多變化，時稱獨步天下。傳其弟子頤齋，頤齋傳澤田東江，其後廣澤東江雖有異論，其執管五法，把臂三腕，皆淵源於曼公，用水墨麝墨及打碑法，皆曼公所輸入也。余曾訪京都宇治黄檗山萬福寺弔曼公墓，承宗務總長中村弘道氏雅意，得見木菴，即非等墨蹟多件，並隱元，木菴榜書楹聯等，而曼公墨蹟寺中竟無存，爲之悵惘久之。

精鑑賞，日人得中土名蹟，輙示師以判眞贋。

省菴遺集卷六與獨立書云「頃得祝枝山墨蹟，將藉法目定眞僞，尤望明以示之。」

其醫術最長痘科，傳於池田嵩山正直。

日本醫學史（明治三十七年富士川游著裳華坊版）第八章云，曼公應吉川氏之請，往來長崎周防之間，其臣池田嵩山學書於曼公。曼公審其爲人，因謂曰，我有治痘之禁方書，欲悉以授子，子學之三年必至其妙，嵩山拜授之。即「痘疹治術傳」「婦人治痘傳」「痘疹百死傳」「痘科鍵口訣方論」「正面定位圖」「面部四位八隅圖」「面色順逆圖」「三十六面圖」「唇舌常候」「病唇十八品」「病舌三十六品」「五死舌圖」等。嵩山得秘訣，遂以痘科大著於世。子信之，孫正明相承。曾孫瑞仙擢爲幕府醫官，講痘書於躋壽館，其名嘖嘖傳世，而考其源實出曼公之傳授。先哲叢談續編以當時都下所傳曼公方書，未詳其所來，且高玄岱記曼公事，未及其書，疑爲附託。此所謂曼公方書，不知即醫學史所言各書否，曼公在國內既懸壺濮里，東渡後以醫名，及傳法池田嵩山均爲事實，則其書縱有依託，亦爲弟子述師之說，未可忽視矣。

松平信綱爲伊豆守，尊信獨立，於河越附近大利平林寺爲戴溪堂，置獨立木像，及高玄岱書之獨立碑銘，東條琴臺謂得「天外老人集鈔」，知其學術主洛閩，文章經藝不遜朱舜水，勢不得已而入釋氏，其忠憤義烈，足以照耀後世，故不收於僧傳，特載於儒家，聊成其志云。

三、餘 論

以上銓次戴耘野與戴曼公截然不同之史實，約略可見。耘野徉懷故國，志節皎然。其遺篇在天壤間者，亦耿光四溢，可以歷刼不磨。曼公學術文章，自非耘野之比，其不朽乃在書法與醫術。其決然去國，自有所激而然，觀其跋安南供役紀事，力贊朱舜水之凜凜大節，而痛心於諸夏之「裂峨冠而鼠尾，袒左袵而馬蹄」，與西湖感懷詩之激楚蒼涼，其志事與耘野無殊。至「有譙別緒自剡分宗記」，中多頹廢自放之詞，末署康熙年月，蓋以子孫爲淸民，自詭以免禍耳。二人均曾爲僧，耘野乃一時之憤激，故不久復返初服，曼公以遭遇名僧，提撕指示，翻然有悟。觀其事隱元之謹，棄家之決，臨終之遺囑，蓋深入禪中三昧。朱舜水集中有與釋獨立書，乃拒其勸爲僧者，然由此亦可見曼公之一往不復，篤於傳法。東條謂其陽釋而陰儒，爲未足知曼公者矣。

民國二十四年五月初稿，三十一年四月重訂

十二、隱元隆琦與日本文化

民國三十一年二月，余遊京都宇治，巡禮黃檗山萬福寺。虬松蓊鬱，殿閣莊嚴。寺爲萬治二年（明永曆十三年）華僧隱元手創，落成於寬文三年（淸康熙二年），以福淸黃檗山爲範。

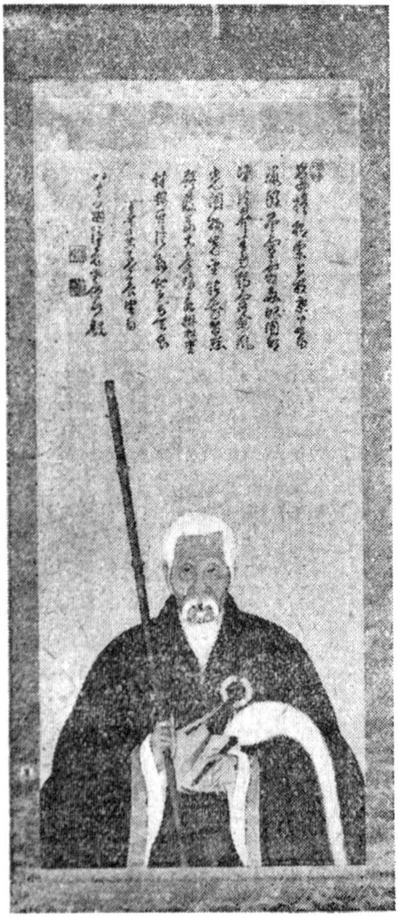

寺中法式儀制，概承明風，誦經亦用唐音，遊其中如在江浙名刹。宗務總長中村宏道氏贈予以隱元著述，並使縱觀庫存珍貴文獻。導遊者告余曰，「此日本內地之小中國也，隱元以一人心力爲之。開務成物之謂聖，隱元其聖矣。」余深有味乎其言。欲詮次其事以告國人，下筆輒止者數矣。盛德難名，薄學淺植如余，庶非其人也。而待之既久，時賢亦終少言隱元者。今夏乃櫽括昔人所述爲本篇。病後筆退，彌不稱意。然飯蔬飲水，敬虔之念如在松隱堂前也。（圖十三爲喜多元規作隱元隆琦像）

一、隱元傳略

僧隱元諱隆琦，福州府福淸縣靈得里東林林氏季子也。父在田，母龔氏。生明神宗萬曆二十年（西元一五九二），九歲入學，以父客湘不歸，家中落，僅一年而廢學，以耕樵自給。性耽沈思，每夜觀天河運轉，星月流輝，輒慕仙佛，有高蹈之志。年二十，母兄欲爲娶，不可。乃以聘金外出訪父雲遊。上豫章，抵南京，遊寧波、舟山、紹興。隨香船至南海普陀山，朝觀音。見佛地莊嚴，人境殊勝，凡念冰釋，遂發心持齋，投潮音洞主出家。一心奉佛，以報四恩。領茶頭執事，日供萬衆，無難色。明年禮茶山祇園老僧爲師。二月十九日航海歸閩省母，勸母奉齋歸佛。母逝，就黃檗鑑源壽禪師薙染爲僧，時年二十九，明泰昌元年（一六二〇）也。自是矢志精修，光揚佛道。遍歷漳州、杭州、紹興、嘉興等地。勝剎名山知識耆老，有一德可師者，莫不歷參請益，究澈去微。時臨濟三十四傳密雲悟禪師，闡揚宗風，名震海內。開法海鹽之金粟寺，龍象畢集。遂往參依，日契玄機，數爲異目。閱六載辭歸，住靜獅子巖。及密雲入室弟子費隱容和尚主席黃檗，擢居版首。於是道益高德益厚，親承記囑，遂得臨濟正傳。崇禎十年（一六三七），年四十六，始主黃檗，廣殖田園，重興殿宇。使多年荒僻之道場，儼成東南一大禪林，皆師之力也。後之浙省，省費隱於金粟，留主崇德福嚴，移長樂龍泉，再回黃檗。前後十七年，緇素雲集，名公鉅卿，耆英碩德，參叩問道無虛日。師隨機導化，賢愚高下，莫不得所願以去，時當明清鼎革之交，天下雲擾，而黃檗以師德望，得免兵劫，宗風日振。

清順治十年（日本承應二年一六五三）冬，日本長崎興福寺住持逸然，得德川幕府之許可，遣僧古石聘師東渡宏法。師念乾坤一體，大道無私，疆城雖殊，佛性不異。遂讓法席於弟子慧門，以六十三歲高齡，率徒衆於次年夏六月航海而東。時波濤洶涌，舵工失色。師從容書「免參」二字，浪遂平海族數十萬，附舟而行。七月五日登岸則瑞光燭天，咸言乃師入國啓化之徵。於是首開法興福，越明年移崇福。明曆元年（清順治十二年）九月，受妙心派下賜紫龍溪宗潛之請，由海路至攝津，入富田之普門寺。萬治元年（順治十四年）九月，下江戶，謁德川四代將軍家綱，承賜衣金。大老酒井忠勝位尊望重，稱當時名臣第一，延至長安寺問法要。列州牧伯，參謁恨相見晚。次年賜地於山城宇治，創建寺院，仍以黃檗山萬福寺名之，示不忘舊也。寬文元年秋，進寺禪林，儀制燦然一新。太上法皇（後西天皇）晏居之暇，留念南宗，嘗詔問法要。師奏對稱旨。朝士京尹時預法會。居四載，頗倦椎拂，乃退休松隱堂，以弟子木菴統寺事。延寶癸丑（淸康熙十二年一六七三）三月下旬示微疾，四月二日法皇降詔慰問，特賜以大光普照國師之號。越明日未刻，乃書偈坐化。世壽八十二，法臘五十三，東渡凡二十年。塔全身於本山萬松岡之下，坐癸向丁。大正六年（民國六年）追懷師德化之美，賜謚眞空大師。福淸黃檗山則由其弟子携齒髮歸，於寺旁建松隱堂，內置齒髮塔。

二、黃檗宗之發展

黃檗山萬福寺在福建省福淸縣西二十里，以多黃檗得名，山於六朝時已有聞於文人學士間。梁江淹有遊黃檗山詩。相傳莆田正榦得六祖慧能之法，於唐貞元五年（七八九）結菴此山，是爲黃檗始祖。德宗賜號建福禪寺。唐希運出家於此，適江西，嗣法百丈懷海，興大禪苑於江西宛陵，仍以故鄉黃檗名之。禪宗黃檗之名，遂噪於天下。福淸黃檗至元中微，明洪武中，檀越莆陽周心鑑延大休禪師爲寺主，營法堂大雄殿，規制以整。嘉靖中以倭變焚燬，隆慶中，中天正圓禪師矢志復興。萬歷辛丑，親赴闕請賜大藏，留燕京八年，齎志以歿。其法孫興壽、興玆續事請求。越六年，得相國葉文忠公助，賜額萬福禪寺，於萬歷四十二年，以大藏勅書帑金歸，寺遂重興。高僧圓悟密雲，費隱通容及隱元相繼任主持。宏揚臨濟宗風，遂爲明末名刹。密雲自崇禎三年三月至八月留山僅半載，費隱自崇禎六年十月入山，開堂將及三載，隱元則以十七年努力，致黃檗於隆昌云。

（隆元隆埼楹書）

長崎爲明清時代中日交通要港，華人流寓者衆，因建有唐三寺。所謂唐三寺者，即興福（南京寺）

福濟（漳州寺）崇福（福州寺）也，皆創始於明天啓崇禎中，由入長崎港之中國船主以特殊目的建立者，故其住持必用中國僧。若闕主持時，則特請幕府許可，託往來商船贈書於南京、漳州、福州等名刹，延請主持。故華僧渡日者不絕。然其中多屬庸凡，於日本文化，殆無甚影響。興福寺僧逸然性融，本杭州人，以畫著，於順治二年（正保二年）渡日，慕隱元盛名，得幕府許可，欲迎其弟子鳳山圭東行。鳳山途中溺死，乃更贈書幣，並遣弟子古石目恕請於隱元。隱元感其誠悃。及得逸然四次請啓歎曰，「此乃子債父還也。」因決宏揚黃檗宗於扶桑之志。同時偕來之弟子有大眉性善、慧林性機、獨湛性瑩、獨吼性獅、南源性派、獨言、良演、恆修、無上、喝禪等，其事蹟如下：

大眉性善於萬福寺開創時曾爲都寺，司工程。後於山中開東林菴退隱。延寶元年（清康熙十二年）寂，留日十九年。東林菴後爲鐵眼募刻之大藏經庋藏地。

慧林性機福州人，曾住長崎之崇福寺，攝津之佛日寺。天和元年（清康熙二十年）寂，留日二十七年。

獨湛性瑩福州莆田人，開遠江寶林寺，上野國瑞寺。後爲萬福寺第四世。寶永三年（清康熙四十五年）寂，留日達五十二年。

南源性派福州福清人，在黃檗山內開華藏院居之。後遊歷畿內關東，住攝津國分寺。又復興河內正興寺。元祿五年，清康熙三十一年）寂，留日二十九年。

獨吼性獅福州人，在黃檗山內建漢松院居之，元祿元年（清康熙二十七年）寂，留日三十四年。其後追踪而往之弟子，有木菴性瑫、即非如一二人。木庵住福濟寺，即非住崇福寺，世稱爲二甘露門。後皆至黃檗山，扶助隱元之法化，對於黃檗興隆，最爲有力。木菴泉州人，於明曆元年（清順治十二年）慕師之德而東渡，繼隱元後爲黃檗山第二世。寬文五年（康熙四年）下江戶，謁將軍家綱，爲黃檗山請得山林田園之朱印，增營殿堂。復在江戶白金，創建紫雲山瑞聖寺，開關東黃檗宗之基。寂於貞享元年）康熙二十三年），留日達二十九載。即非福州人，在國內已稱高僧。明曆三年（順治十四年）渡日，小倉之小笠原氏曾請之開廣壽寺福聚寺，留日凡十四年。又有獨立性易者，原名戴笠，字曼公，慨明亡而渡日。以五十八歲高齡，皈依隱元爲弟子。隨隱元至攝津普門寺，下江戶。寬文五年即非在豐前開福聚寺時，曾扶助其法化。隱元七十壽時，福州黃檗山主持慧門，曾使高泉性潡渡日致賀，留而不歸。受加賀前田氏聘，寓献珠寺，爲黃檗山第五世，得靈元上皇之皈依，屢在宮中說法。居宇治，開佛國寺，賜以勅額。又至江戶，受將軍家綱之優遇，稱爲中興黃檗之名僧，著書甚多。

宇治黃檗山爲隱元所開創，故繼其法席者如木菴、慧林、獨湛、高泉、千呆、悅山、悅峯、靈源、旭如獨文、杲堂等，隱元之法子法孫皆華人也。其後人才缺乏，第十二世杲堂於享保九年（清雍正二年）受幕府命，欲請中國之隱元嫡孫德學兼優者先住長崎唐三寺，以備繼黃檗山之後任。十一年（雍正四年）三月，託福州船船長柯萬藏寧波船船長尹心宜等，以幕府之書致福州之黃檗山，杭州之靈隱福嚴兩寺，長崎唐三寺亦各有副書，招請高德之僧。然其目的終未能達。自此中國僧之渡日者完全中止。杲堂之後，笠庵繼之。笠菴之後，始以日人龍統元棟為黃檗山第十四世。其後除十五世大鵬、二十世伯珣、二十一世大成為中國僧外，皆為日本主持矣。

今宇治之黃檗本山，氣勢宏偉，建築巍峩，二百年前之面貌宛然具在。以較福清黃檗，遠為過之。據昭和十四年日本文部省調查，今日之日本黃檗宗，擁有寺五百〇一，住職三百七十四，信徒八萬七千五百十九人，檀越四萬四千四百百三十人，（見昭和十七年每日年鑑）皆奉隱元為祖師。其主要法統如下：

黃檗希運——臨濟義玄——（中略）——無準師範——雪巖祖欽……（更十三代）密雲圓悟

慧門如沛——高泉潡性（五代）——子翁道覺

鐵牛道機

- 費隱通容——（開山）隱元隆琦
  - （二代）木庵性瑫
    - （七代）慧極道明——龍統元棟
    - 悅山道宗
    - 鐵眼道光
  - 即非如一——（六代）千呆性安
    - 江外長
    - 雪廣潤
    - （九代）靈源派
  - （三代）龍溪性潛——圓淨覺
  - 慧林性機
  - （四代）獨湛性瑩
    - （八代）化霖龍
    - 悅峯章
  - 大眉性善
  - 南源性派
  - 獨吼性獅
  - 獨本性源

近年中土青年僧侶，留學黃檗山者逾十人，其著者有鎮江金山寺之佛宗，南京棲霞寺之不二，杭州日華佛教會之光松等。

三、隱元之著述詩文

禪宗以不立文字爲教，故從事此宗者多不屑疲精神於文字著述。隱元爲一代宗師，欲其教之傳遠遺後，理舊有之掌故，宏新訂之規儀，故其著述甚多。舉其重要者，在華時所作有「黃檗語錄」二卷，「龍泉語錄」二卷，「弘戒法儀」二卷，「黃檗山志」八卷。渡日後所作有「普照國師廣錄」三十卷，「黃檗和尚扶桑語錄」十八卷，「示衆語要」二十卷，「黃檗清規」一卷。其語錄質實曉暢，多會心有得之言。如廣錄卷十五，記隱元七十二歲時，與後西天皇法語云：

癸卯（康熙二年）夏五月二十五日，太上法皇召龍谿大德入內庭，賜坐畢。上云，朕向聞禪門下有單傳之道，不歷階級，直指人心，見性成佛，實朕所忻願焉。今隱元禪師迺大唐尊宿，甚爲希有。朕欲請問玄要，以了大事因緣。煩卿代致之。谿承命面師，宣聖旨。師云，單傳直指之道，別無言說、惟要自己放下身心，及一切塵勞，直一返炤本來面目，覷破無位眞人，則不被外物所蒙，如鏡對鏡，了了分明，原無一物染汚，亦無點塵留礙，圓陀陀，活潑潑，赤洒洒，轉轆轆，名不可名，識焉能識。直得自徹自悟，自了而後已。既徹悟了然，則生死去來自由自在，處富貴

（宇治萬福寺總門）

不爲富貴之所牢籠，處人天之爲人天之所留礙，可謂萬象主而作四生父。以天下爲一家，以萬類爲一子。繼往開來，駢臻民福。

蓋空靈之中，自具平實。擬寒山詩謂，「我無驚人句，一向只平常。」又明曆元年（順治十二年）答京尹板倉防州太守云，「禪門下不作奇特，但要人明心見性成佛。然奇特神妙，小乘之事，非大道也。」可與此互證。其散文亦直舒胸臆，情趣俱雋，佳者摩公安竟陵之壘。如「重修黃檗山寺序」云：

叔世多癡，名山有骨。每與高人韻士共之，是在會心深淺耳。老僧主法席有年，黃檗枝頭，搖醒三更之月，紫雲窰裏，斬開萬樹之藤，時聽溪聲鳥語，浮潛光而出，未嘗作山水觀，要何必不作山水觀也。感谷陵之遷變，念人物之凋榮。試進遊客騷人而問之，銅鞮金谷之瓦，辟疆蘭亭之石，迄今猶有存者乎。而海內名山，獨與靈鷲並傳不朽。固知地以人重，其權不在山川也。是故天變而道不變，古德詳哉言之。倘山靈無主，縱呈風雲以絢其奇，馳月露以章其祕，所謂能令藏三耳等耳，曷足貴乎。如司馬有捃摭之史，子厚多紀遊之篇，當時川嶽，藉之生色者，蓋亦炳人耳目矣。然而大道不閒，君子笑之。可知以道重點綴山川，其權又不在筆墨也。舊志雖出巨公之手，體略已具，而精微未盡。辟如畫者，面目骨格粧成，尚須點睛會神，方有可觀。老僧不揣檮昧繼之，正古道之源流，臚新規之本末，未知其有權於山川與否也。第不欲以世諦之筆墨累人耳。讀茲編者，望林巒而有得，似不勞騁周穆之鞍，顧草木而自非，更何事勤謝公之屐。明心不遠，紙上非浮。如徒作山水觀，是使山川筆墨有權，麋鹿亦且笑人，鄙郭盡稱入室矣。非老僧重修茲志也。但道以觸目長存，質以修文彌著。先輩證悟或多於山水間得之，茲編之成，離言超謂，未嘗作山水觀，何必不作山水觀也。老僧以為在會心深淺者蓋此耳。壬辰（順治九年）一陽後黃檗主持隱元琦序。

此文作於隱元東渡前二年六十一歲時，蓋順治八年，隱元為歐全甫薙染，法名性幽，字獨往。全甫有節操，工文，因命修黃檗志。其體例皆元所手定，志成為序也。今傳隱元東啓，多作語錄體，惟偶事藻飾，則以散文為儷語，情理曲達，近宋人風致。如「復扶桑諸檀越啓」辭東行之邀云：

欽賞三寶，大心長者之能，頓超一門，明眼維摩可入。下榻而延素士，虛堂以待貧僧，從古已然，於今爲例。恭惟列位居士，德盛扶桑，名聞震旦，崇賢亦收管蒯，訪道不遠艫舳，禱法雨一天之中，志存甦困，招玄風萬里而外，利用啓蒙。媿某葛拙無能，不能生光寶刹，陶陰有限，只可守訥寒巖。忽領霞箋，滋深霧汗。十二峯公案未了，勉自栖遲，三千則葛藤還多，藉誰砍斷。無論溪邊虎嘯，恐虛勝友之車，且聽潭裏龍吟，亦戀老人之鉢。弘道誠莫分彼此，審勢自不無先後。況值紛紛灰刼之時，正須汲汲撐持之日。天緣非偶，仰愧鴻飛，地會有期，俯慚玫報。伏祈老居士深砥自求之福，曲宥方命之衍，蓋全德之交，繾綣不在形合，無言之教，高深可以意通。悟乎此回黃檗山頭有情共瞻日月，青波海上何地不聽風雷。棒喝聲遙，山川氣達，將見德及黎民，自此始矣，保我子孫，豈有旣哉。臨楮飲冰，竊希鑒亮。（見廣錄卷十九）

集中所收詩多爲佛偈，其可以表現其峻厲之風格者，如「巖中除夕示徒」之二云：

寒巖除夕冷颼颼，莫謂爺貧累汝愁。得意梅花三五點，淸香瘦骨傲王侯。

又「溪梅」一絕，殆其自況，詩云：

稜稜瘦骨瀞煙籠，儘日溪頭背曉風。偏向雪中開隻眼，冷看荊棘鬬英雄。

永曆元年（順治四年）二月，鎮東海口二城陷，死者數千人，師蕭然傷心。六月會法兄時學禪師。同詣龍江，建水陸普度者兩月餘，有「夜懷」四首云：

誰迷方寸混天經，百萬華居一斬平。故國英賢何處去，唯餘孤月炤空城。

劈面一刀酬債畢，皮囊脫落寄誰家。愧無道力資冥福，聊借金風剪業花。

睫得眼來春復秋，海門浪吼更添愁。兩城人物今何在，一陣悲風起髑髏。

頭陀磊落出烟霞，各展神通豈有涯。不涉人間幻夢事，單提佛子盡歸家。

禪師與鄭成功頗有往還，東行實乘鄭氏之舟。集中有「贈鄭國公詩」云：

南國忠貞士，威名徹古今。三朝天子佐，一片故人心。世變勳猶在，道存志可欽。雖然滄海隔，萬里有知音。

殆東渡後之作。酒井忠勝系出名門，官至左近衛少將，補大老，食十二萬三千石，德川家綱時。恩顧無比。稱當時名臣第一。致仕後猶隱執朝柄。晚年削髮爲僧，法名傑傳宗英，號空印。屢參師問法要，有所契證，不殊裴休之於斷際也。寬文二年（康熙元年）空印捐館，師輓以詩云：

百歷如朝暮，浮雲一瞬目，人生古來稀，而況又加六。蘭桂滿庭中，福壽兩俱足。大道一坦平，行藏無拘束。生爲國所珍，去爲幽冥福。法護盡厥心，慧炤惟吾獨。欲期再晤言，云歸胡太速。世事夢中花，宦情風裏燭。廊廟列元勳，誰不歎於穆。

要之師之詩不事藻飾，硬語盤空，直舒胸臆，其中懷丘壑既多，風操繁富，非蔬筍滿紙之僧集所及

（宇治萬福寺法堂）

也。

四，黃檗宗與日本文化

隱元爲一代大師，規模宏濶，門羅各種人才，故東渡後對於日本佛教、建築、雕塑、繪畫、書法、醫術、乃至日常生活、社會事業，皆有重大影響。玆分別述之如下：

1.佛教之革新　鎌倉時代，禪宗名僧蘭溪道隆、兀菴普寧、大休正念、無學祖元、一山一寧等先後渡日，鼓吹臨濟宗風，與當時日本國民精神生活以重大影響。然迄江戶時代初，臨濟既淪於貴族之文字禪，即號稱平民禪之曹洞宗，亦萎靡不振，傑僧不作，漸爲世輕。隱元盛名，久爲留居長崎之中國僧人間所喧傳，其語錄於東渡前，已傳至日本。日本禪林中最隆盛之京都妙心寺派僧侶多購讀之。彼在長崎興福崇福兩寺說法時，曹洞之鐵心獨本，臨濟之獨照，以及鐵牛、鐵眼、潮音等學僧，皆趨其門下。妙心派下之龍溪、禿翁、竺印等驚喜異常。竟迎隱元至妙心寺說法焉。隱元風骨峻厲，叢林紀綱，爲之一新。禪門學術，波及僧俗。其東行非惟其新開之黃檗，龍象輩出，朝氣瀰漫，卽日本固有之禪宗，亦以其刺激而一轉頽勢。其後臨濟之正宗國師(白隱慧鶴)，於元文寬寶中，大振宗風，說「白隱虛錄」，妙幾英發，萬衆悚聽，實以隱元導之先路也。

2. **建築與雕塑**　於寬永九年(明崇禎五年)，先隱元渡日之興福寺僧默子如定，曾以石建眼鏡橋於長崎酒屋町至磨屋町間，工巧爲時人所稱。宇治之黃檗山萬福寺，長崎之唐三寺，以至各地所建之黃檗宗寺，由華僧監督起造者，皆純用中國式。據「長崎志」，崇福寺三門乃在中國使工匠雕成，齎至日本建成者。江戶初期，佛寺建築，陳陳相因，日淪卑俗。而檗門伽藍庭園，獨有典麗淸淡之趣。遊長崎崇福寺者，無不驚其輪奐之美，而宇治之萬福寺，由總門經山門至天王殿、大雄寶殿、無不意態雄渾，與扶桑固有佛寺建築異趣。當時佛寺以外之建築，亦有倣華風者。如加賀藩在金龍山營祖廟，請黃檗五世高泉性潡監工程，彷用唐式，其著例也。檗宗各寺安置之佛像，亦多成自中國雕工之手。故其型式手法，在日本美術史上爲特堪研究者。當日渡日雕塑師有方三官、林高龍、吳眞君及范道生。方三官福建漳州人，稱爲唐風佛工之祖。「長崎夜話草」謂福濟寺法堂本尊觀音像爲彼所作，儀容端正，異他像。又傳該寺諸堂塑像爲寬永十年(崇禎六年)林高龍吳眞君所造。惟唐風造像之最著者爲范道生。道生字石甫，福建泉州人。寬文中應隱元招渡日，齋戒篤行，善以雕刻爲佛事。癸卯冬，黃檗老人命造大士及十八羅漢祖師伽藍像，巧心妙手，難可云喻。故長崎唐三寺、宇治萬福寺，實存有明末華人雕塑之精華。如羅漢像、布袋像、關帝像、韋馱天像等，皆奇拔豪快，栩栩欲活，爲檗門獨具之純中國風雕像。以較江戶時期固有雕刻，拘守舊式，徒飾金銀珠玉以眩俗目者不同。故佛師起而效之，如福岡千眼寺之達磨像關帝像，爲延寶三年（康熙十四年）沙門龍淵造，江戶本所五百羅漢寺之本尊釋迦三尊及羅漢五百餘體，爲元祿中鐵眼法嗣松雲雕鑿，皆檗宗華風雕塑之模倣也。又若芝喜左衛門工鎔冶之技，世稱「若芝鐔」，傳亦得之黃檗僧人。

3.書畫印章　黃檗僧渡日時，常齎名家書畫而珍藏之。因而黃檗山成爲明清珍貴書畫之美術館。當時未出國門一步之文士，一到此山，即可親異邦之名蹟，慰平生之渴望，由此而啓發者亦不少。加以隱元、木菴、即非、高泉、獨立等，無不善書。就中即非以草書名，獨立以篆刻著，傳長州王履吉之書法，正鋒逼古。稱爲日本近世唐式書法第一人之北島雪山，即曾學於獨立者。今觀萬福寺諸堂所揭聯額，大部雄渾潤達，引人入勝。隱元持有宋靈隱寺僧莫菴「集篆金剛經」，蘭谷禪人曾手摹二本，金墨紺楮，相映生色，筆法精奇，爲世所重。

隱元好藝術。二十二歲時，曾交一名畫師方君，相偕漫遊紹興等地者一年。敎聘隱元東渡之長崎興福寺主持逸然性融，本杭州仁和縣人，別號浪雲菴主，以佛畫人物圖著。故檗門內外，畫師林立。

近西村貞氏著「黃檗畫像志」，博蒐現存眞蹟，比較論列，考訂精密，多可信據。其最著者初期有逸然，楊道貞、喜多宗雲、道矩，而鐵牛門人喜多元規尤推大家。宗之者有元喬，元香、元高、元珍、元章、元貞、渡邊秀石、河邨若芝、小原慶山等。其他與檗門有關之畫人有陳賢，王振鵬，陸包山，陳浩、陳法祖，楊津，李一和，趙珣。僧徒中有化林、獨湛、高泉、大鵬，卓峰。其曾受啟示影響者如狩野探幽一門，海北友雪，伊藤若冲等，皆曾參檗門問禪要。高泉贊狩野安信畫云「毫頭三昧得眞傳，淡抹濃描總自然。一旦點開雙法眼，頓成天下畫中仙」。曾受杲堂和尚提撕者有池大雅，精究黃檗畫訣，爲水墨山水圖，淡彩五百羅漢圖，稱檗林至寶。

黃檗畫風以人物畫像爲中心。禪宗本以個人爲本位之宗教。師付心印於法門弟子時，法衣法器之外，並付以己之畫像，以表法信。臨濟曹洞之畫像，多以水墨簡素爲旨。黃檗則汲北宋院體刻劃之風，側重寫眞，描繪工致，雖一痘斑亦不遺。如喜多元規之作，施暈渲，分陰影，肌肉儼然，呈立體傳神之妙，饒有西洋畫法意致。說者謂基督教東漸，文祿慶長中，長崎有傳西洋畫技之繪畫練習所，以意大利教士畫師 Nicolao 爲所長。所謂吉利支丹洋風作者，不乏其人。黃檗東來，寫實之風，與之相近。又朝氣瀰漫，故能取西法以自益。合幽邃於絢爛，蘊古典於現代，鎮重靜寂之中，寓以霸氣喧騷，遂於日本繪畫史上，別開一生面。

名書畫家多注意治印，觀西村貞所輯黃檗法像畫家款印，率皆精美。獨立長於篆刻，傳其法於長崎高天漪。唐式書家細井廣澤亦曾就千呆高泉等學印刻。又僧心越曾賫濤陳策之「韻府古篆彙選」至日本，元祿年間翻刻之。黃檗第十五世大鵬正鯤著有「印章篆說，」流布於世。蘭谷元定亦以工篆隸著。

4.醫藥飲食　獨立最精醫術，傳其術於池田正直、高天漪、北山道長等。正直爲第一高足，所傳者有生理病理之圖七種，及六部九卷之書。其中以痘科之痘科鍵爲最著名。池田氏由是而大顯於世。寬政時幕府醫官始設痘科，使正直之孫瑞仙任之。獨立之外，化林、心越、澄一等僧，亦各通醫法。化林傳其術於北山道長，心越傳其術於石原學魯，澄一傳其術於石原學魯、國立貞、今井弘濟等。隱元東行，所攜新種植物頗多。今傳有「隱元豆」、「隱元蓮」、「隱元菜」（菘）「隱元豇豆」等。黃檗禪僧所用之唐式點心，「胡麻豆腐」、「隱元豆腐」、「黃檗饅頭」亦漸爲東瀛人士所習用。見於徒然時務粧之「搗豆豉」，爲萬福寺名產之一。白金瑞聖寺前角之「唐豆腐乾」號江戶異味，亦木庵所傳入者。又有淨素烹飪，用中國格式，主客共同圍桌而食，所謂「普茶料理」，傳佈各地，而宇治萬福寺前之白雲庵實爲其發源地。余巡禮黃檗，就食於此。庭園秀逸，山菓野餗，風味別具。即寺前所售之黃檗陶瓷茶具等，亦簡易素朴，自有其特色焉。

5. 印刷事業　日本鎌倉室町時代，兵戈紛擾，而京都及鎌倉五山禪僧，獨蕭然世外，弦誦不輟。刊行典籍，稱爲五山版。元明之交，名雕版家兪良甫、陳孟榮、陳伯壽等先後東渡，日本雕版事業因以大進。隱元承此流風，個人又著述宏富，對於印刷事業，極爲重視。其法孫鐵眼道光，於天和元年（康熙二十年）刊行六千九百五十六卷之大藏經，所謂「黃檗版大藏」也。又注意通俗宣傳，故黃檗各寺所印摺佛，如「觀音圖」、「地藏圖」、「阿彌陀像」、「十羅刹」、「不動明王」、「北辰妙見菩薩」、「五百羅漢」、「宗祖隱元」等像極多。崇福寺所藏之準提觀音像，畫面題「瓊浦范道生印施」，殆此名雕家之自畫自刻。檗山獅子林院印施之勸修作福念佛圖說，據山本悅心氏研究，有異版七種，可見檗門之如何注意於通俗出版事業矣。

6. 社會救濟事業　隱元工於治生，初住獅子岩，與弟子刀畊火種，攻苦食淡，怡然自得。主福清黃檗十七年，造林植松，株以萬計。丁喪亂之際，使荒刹經濟，得以自立。救貧濟厄，一方感戴。年登六旬，其弟子捐衣盂爲營塔。而師以歲饑，辭不肯爲。門下汲其流風，多能貢獻於生產救濟事業。如法孫鐵牛道機遊下總，感椿湖開墾之要，謀於稻葉正則起工，上下斡旋其事，至元祿二年（康熙二十八年）竣工，計先後疲心力於此者二十一載。化荒原爲沃壤，民皆謳歌其德。又木菴弟子鐵眼道光，發願募資刊大藏，款既集，以大阪洪水，乃全用以救災。其後再度募集，又以近畿飢饉盡耗於賑濟。及三次募款刊書成，已在鐵眼卒前一年。千呆慈岳曾爲施粥大釜，惠及千人。隱元鼓鑄之黃檗精神，實有自度度人已飢已溺之修養與能力，故當日稱爲萬家生佛也。

五　餘　論

清燕山杜立德所爲普照國師塔銘有云：「師兩門黃檗，應化西東，現身說法，四十載間。上自皇朝宰相，遠暨東國王臣，下及士庶工商，僧俗男女，罔不景仰瞻依，傾心向化。自唐宋以來，未有若斯其盛。奚啻達磨東渡，斷際重來也。」又謂「佛教自入中華，二千餘年矣。歷代師師相承，中間善知識大宗師，不過度化一時，或倡和一方。未有如師出群拔萃，傳臨濟三十二世之正脈，爲扶桑百千萬年之宗祖，十方瞻仰，三代楷模。故道非佛不明，法非王不尊。從來天子國王宰相，皆爲靈山一會。儻非師道德高深，安能以心傳心，如水投水，無感而不應哉。亘古一人，於今莫比。」其所以推許者至矣。而余重有感者，禪宗以不立文字爲教，而師乃多所著述。鳳山圭首座以涉海溺死，而師乃益堅海外宏法之志，師友信徒。均不能阻。又元之恩師費隱通容著「原道闢邪說」，力攻利馬竇之「天主實義」，以爲邪見外道。而黃檗畫師乃獨採耶蘇會士之筆法。蓋師不畏淪入文字障，而苦口婆心以著述者，乃所謂「未能自度，先謀度人」之菩薩發心。蹈重洋履至險而不能自已者。乃所謂「佛當入地獄，不惟入地獄也，且常樂地獄，不惟常樂地獄也，且莊嚴地獄。」而其鞭撻龍象，變化鯨鯤之氣魄，又足以收一切外道爲羽翼。故年周花甲之儒徒，久淪吉利支丹之信士，乃至「一向敎」等黨徒皆相率歸宗。自宋以來，禪宗獨膺佛統之傳，而所謂大師者，大率乖僻枯寂，規模狹隘，空談心性，無裨時艱。浸失淑世化民之力，得隱元而其面目煥然一新，禪宗之史，爲不寂寥也矣。

參考書舉要

性日，性派合著「黃檗開山普照國師年譜」（日本宇治黃檗山萬福寺刊）

師蠻著「本朝高僧傳」卷四十五城州萬福寺沙門隆琦傳（「大日本佛敎全書」所收）

杜立德「普照國師塔銘」（日本宇治萬福寺拓本）

隱元著「普照國師廣錄」三十卷（宇治黃檗山萬福寺刊）

達光道暹「重修福清黃檗山萬福禪寺誌」清道光中福清黃檗山刊

常盤大定「支那佛敎史蹟踏查記」廣福巡禮記（昭和十三年東京龍吟社發行）

常盤大定「支那文化史蹟」第六卷福建黃檗山附解說（東京法藏館刊）

西村貞著 黃檗畫像誌」（昭和九年七月東京創元社刊）

木宮泰彥著「中日交通史」第二十四章往來日本並永留日本之明清人與文化移植之關係。

辻善之助「日支文化之交流」第九章江戶時代中國文化之影響。

十三、山井鼎與「七經孟子考文」

山井鼎篤志窮經，發足利學校之秘藏，爲七經孟子考文一書，開日本校讐學之先河，啓東西古籍溝通之機運。乾嘉大師如王鳴盛、盧文弨、阮元等皆重其書，用能著錄於四庫，流傳於禹域。然作者秉蒲柳之資，以死勤事，中年齎志以歿。門衰祚薄，傳長孺之業，既無玄成；收伯喈之文，並乏文姬。生不講學，如崔述之孤高；歿少門人，等顏回之寥落。王船山之志事，書成名隱；章學士之用心，身歿史存。在崑崙求仁得仁，復何憾焉。二百年來，讀其書不乏欲知其人者。乃東土既少翔實之傳記，西國亦無迻譯之成文。前京都帝大教授狩野直喜博士，扶桑宿儒，博雅多聞。大正丙寅，曾爲「山井鼎與七經孟子考文補遺」一篇，廣蒐舊聞軼事，考訂精密，多可信據。昨春把晤於京都東方文化研究院，論及君彝，同深感喟。博士慫恿轉其傳爲漢文，茲撮其精要，略參鄙見爲本篇云。

一、山井鼎之家世學歷

山井鼎本姓大神氏，名鼎，字君彝，號崑崙，通稱善六，日本紀伊國（和歌山縣）海草郡濱中村人。生於元祿三年，（清康熙二十九年西元一六九〇）卒於享保十三年，（清雍正六年西元一七二八）詩三十九。（註一）父名周庵，業醫。往昔日本醫者多能讀漢籍，山井之漢學素養，蓋得於庭訓。少師紀伊學者蔭山源七，即後爲儒官，供職江戶者。寶永中，入京都，學於大儒伊藤東涯之堀川塾，與聞排宋儒倡古義之緒論。（註二）嗣見荻生徂徠著譯文筌蹄而大感佩，於是齎糧跋涉千里，赴江戶執贄於徂徠。（註三）徂徠江戶人，字茂卿，號蘐園，以命世之才，汲明王世貞李攀龍之流風，倡導復古，經學詞章，冠冕一時。門下俊彥雲集，如太宰純、服部元喬、安藤煥圖、山縣孝儒、平野玄仲等，或殫精經籍，或工爲詞章，皆矯矯有以自立。山井於蘐門爲後進，而太宰安藤等皆重之。享保二年（康熙五十六年），山井年二十八，偕太宰安藤遊金澤，遂至鎌倉繪島，五日而歸。此行訪同學友根本遜志於弘明寺村，沿途縱酒豪啖，太宰鳴笛，安藤吹篳篥，以娛八幡鄉人，悠然自適。山井體素弱，步履常遲，而考古癖則凌越二人。安藤之遊湘紀事謂「一蓋生居有三癖，而古墓癖最入膏肓。路遇一蒭蕘一農圃，必問有古墓否而後敢行。好古之迂，雖吾曹同病，而余與太宰將避三舍也。」（註四）徂徠七經孟子考文序亦云「紀人神生，夙有好古癖」，於以知七經孟子考文之作，實基於此「信而好古」之天性。

山井之從徂徠，約歷十餘年。徂徠集卷七有謝山井母贈紀州蜜柑之詩。足利校書，實出徂徠之啓示。揄揚其事，以達於幕府者爲徂徠。補充其書，以成定本者爲徂徠之弟觀。（註五）宇佐美惠助並謂徂徠知其所著辨道、論語徵、大學解、中庸解等書，文句多誤，特屬山井爲校正，可見師弟契與之深。蓋山井讀譯文筌蹄而知宗仰徂徠，晚年曾刊行宋陳騤「文則」，考文雖不可以文論，而在日人著漢文書中，實明暢少和習。知其於詞章一道，曾三折肱者。乃復刊落聲華，篤志窮經，發憤著書，宏篇立就。太宰純爲護門之以經學名者，曾謂「社中無所畏，崑崙若生，則可畏者」。(註六)山井殆最能傳徂徠之學者，惜乎其不壽，而僅以考文見也。

二、七經孟子考文之撰述與補遺

享保三年（康熙五十六年），山井應伊豫（今愛媛縣）西條侯聘爲儒員，乃益堅述作奉公之志。栃本縣西南有足利學校，相傳爲唐時小野篁所創立。室町中葉（明英宗時），上杉憲實復興之。博搜典籍，爲日本古書之淵藪。(註七)山井習聞其事於徂徠，於是偕州人同學友根本遜志(註八)往探之。請於西條侯，賜告留校校書。埋首古籍者凡三年。盡讀其所藏，計獲見珍籍爲宋本五經正義一通，又古本周易三通，毛詩三通，皇侃論語義疏一通，孟子一通，並足利本禮記一通，周易論語孟子各一通，而以當時通行崇禎汲古閣本校其異同。其中或爲中土久佚之書，或爲唐以前別行之本，蓋百濟博士王仁，段楊爾入唐碩儒吉備眞備等所先後齎歸者，可謂驚人秘笈矣。總所校訂者爲易、書、詩、左傳、禮記、論語、孝經，所謂七經也，以孟子古不列爲經，故特舉爲「七經孟子考文」。其例首經，次註，次疏，次釋文。其考異同凡有五目，曰考異、曰補闕、曰補脫、曰謹案、曰存舊。徂徠序謂其在足利已以積勤獲疾，及奉西條侯命繕正整理，疾更甚，呻吟交加，不能辨其爲何聲。顚沛以之，期年而成。（註九）享保十一年（雍正四年）全書繕正，徂徠爲之序，以獻於西條侯。而山井之疾則已不治。享保十三年正月二十八日，後其師徂徠十日而長逝。

西條侯得書，命錄副本二，一上宗藩紀州家，一獻幕府，時享保十三年（雍正六年）六月，即山井歿後六閱月也。（註十）時幕府爲德川八代將軍吉宗，本由紀州入承大統者。好學重儒，習聞山井著書之事，極爲嘉許，而惜其未備。翌月（戊申孟秋）命儒臣物觀（徂徠之弟），校其所撰，並爲補遺。享保十五年（雍正八年）十二月書成獻上。觀及協助之門人，並蒙賜金。次年（十六年）六月梓行。（註十一）物觀之序爲享保十有五年，歲在庚戌暮春之日，乃作序年月，是時尚未進呈，書成，將軍極重之。十六年十一月二十四日宴日光准后時，曾進呈文選二十一冊，並新刊七經孟子考文。又因其可以誇示裨益中國學者也，於是命長崎官吏托商船以致之海西。（註十二）

三、考文補遺之西渡與影響

享保十七年（雍正十年），卽考文補遺梓行之次年正月，由將軍吉宗命自長崎輸之中國。並使當時日本第一名書家細井廣澤題簽，以重其事。（註十三）但置之何地，授之何人，已無可考。惟寬保二三年（乾隆七八年）有估客伊孚仇由長崎購獲古文孝經及七經孟子考文各五六通之事。（註十四）則似中國學者已知有此書，故商人遠道求之。中國收藏此書之初見於載記者，爲杭州飛鴻堂汪氏，翟灝四書考異總考三十二載其解題云：

愚於乾隆辛巳，從堇浦杭先生向小粉場汪氏借閱此書。知彼國尙有皇侃義疏。語於杭，杭初不深信。乃相與東望太息。逡巡十年，衆互相傳說，武林汪君鵬航海至日本國，竟購得以歸，上遺書局。

文中所謂杭先生爲杭世駿，所謂小粉場汪氏者爲汪啓淑，啓淑字秀峰，工詩。小粉場其寓居地。杭與汪氏爲南屏詩社社友。翟灝介杭世駿得見汪氏所藏考文。其所著考異中引用之，以正現行本經文異同爲國人利用考文校勘經籍之始。而由考文以知論語皇疏之存在，終於物色得之。汪氏以考文補遺與其他古書上之四庫館中，卽四庫總目卷三十三，本書提要下，所謂浙江汪啓淑家藏本也。館臣頗讀其書，故許其校勘上之價値而存之。案翟氏讀此書之辛巳爲乾隆二十六年，去書初梓行之享保十六年已閱三十一年。汪氏于何時入藏，並其書何自來，則無所知。

其確知由長崎携還入藏者爲杭州知不足齋鮑氏。鮑名廷博，本歙人，而流寓杭州。自其父思詡以集書著。四庫館開，與飛鴻堂汪氏均獻書六百餘種，名達天聽，恩賜古今圖書集成，榮寵甚至。乃更有刻叢書之志。網羅國內珍本，並欲得海外佚書，於是由往來日本長崎之杭商汪鵬而得太宰純校刻之古文孝經孔氏傳及七經孟子考文補遺。古文孝經刊於知不足齋叢書第一集，考文則入藏而為吳騫、盧文弨所曾借讀者。汪氏曾三到崎嶴。據其所著「日本碎語」，則鮑藏考文之西渡，當在乾隆二十九年以前。(註十五) 此書由往復長崎之中國商船，逐次携以西來，藏書家乃往往有之。比乾隆中葉，校勘經籍之風盛行，此書乃日見稱。王鳴盛十七史商榷卷九十二「日本尙文」條，盛讚日本文學之盛，並言及山井、物觀之書。其著尙書後案，揭於參考書中。後晚年隱居蘇州，從事著述。其所見者或即前述蘇州商人伊孚九等所齎歸者乎。

鮑藏考文有以藏書名之浙江海寧吳騫假讀，取經注一部，以校論語義疏，為義疏參訂一書，謂「經籍去聖日遠，闕文訛字，謬本實繁。賴古書流傳海外，使學者猶得藉以考證其謬誤，而補訂其闕失豈不誠斯文一大幸哉」。極喜此書之成。乾隆已亥（四十四年），盧文弨始見此書。盧為一代碩儒，時年已六十五。與鮑廷博交，鮑刻知不足齋叢書，盧實為顧問。其周易注疏輯正題辭云：

余有志欲校經書之誤，蓋三十年於茲矣。乾隆已亥，友人示余日本國人山井鼎所為七經孟子考文一書，歎彼海外小邦，猶有能讀書者，頗得吾中國舊本，及宋代梓本，前明公私所梓復三四本，合以參校，其議論亦有可採。然猶憾其於古本宋本之譌脫者，不能盡加別擇。因始發憤爲之刪訂。先自周易始，亦既有成編矣。庚子之秋，在京師又見嘉善浦氏鏜所纂十三經注疏正字八十一卷於同年大興翁秘校覃溪所，假歸讀之，喜不自禁。誠不意垂老之年，忽得此大觀。更喜吾中國之有人，其見聞更廣，其知慮更周，自不患不遠出其上。雖然彼亦何可廢也。（抱經堂文集卷七）

又七經孟子考文題辭云：

此書余從友人鮑以文借得之。（中略）庚子入京師，又見吾鄉沈狄園先生所進十三經正字，則譌脫之處，多所改正。其不可知者，亦著其疑。又凡所引經傳脫誤處，皆據本文正之。此出自中國儒者之手，又過其書遠甚，然所見舊本，反不逮彼國之多。故此書卒不可棄置也。（見抱經堂文集卷七）

又十三經注疏正字跋云：

又未得見古本宋本，故釋文及義疏有與今之傳注不合者，往往致疑。此則外國本甚了然也。（抱經堂文集卷八）

盧氏蓋知考文在經籍校勘上之價值，而惜其出於外人之手。其所以鼓舞自勵，力爭上流者，情見乎詞。抱經卒於乾隆六十年，壽七十九，所校書籍多成於晚歲。其受山井書之刺激，殆所不免。

至瀰賞考文，爲複刊流行者，爲儀徵阮元氏。芸臺初於北京見考文補遺寫本，及爲浙江學政，得揚州江氏隨月讀書樓所藏日本印本，携至杭州，以校群經，知其精核可采不少，而嘉山井積勤三年，有功聖經，因於嘉慶二年，覆刻其書。距享保初印，已六十五年，去山井之歿，近七十載矣。阮氏會總群籍，爲十三經校勘記二百四十三卷，沾溉後學，無有涯涘，而山井之書，實爲主要參考資料。阮刻考文補遺，復由清商輸之長崎。日人以其見重西土爲國光，乃多讀其書思其人者，又數十年，西條侯感夢諮於儒者松崎慊堂，聘其門人渡邊璞輔爲儒官，賜山井之姓以再興其家。蓋崑崙無嗣子，其鬼不血食者已百餘年矣。(註十六)

四、考文之學術價值

山井鼎生當康雍間，雖襲徂徠之古詞章學，而爾時校讐之業，未爲專門。在我國有朱彝尊、顧炎武、閻若璩等倡導考據，惟依據貧乏，校經者僅知重開成石刻而已。自雍正至乾隆初，朝廷稽古右文，碩儒挺生，秘籍漸出，校書業績乃斐然可觀。山井鼎生長東土，一無依傍，獨發足利廛封之秘，與乾嘉大儒，東西輝映，如桴鼓之相應，可不謂特立獨行之士哉。四庫既錄其書，盧文弨謂其議論可采，阮元亦稱不乏精核，斯爲難能矣。芸臺曾譏其「惟能詳紀同異，未敢決擇是非，皆爲才力所限」。

抱經亦憾其於古本宋本譌脫者，不能盡加別擇。然原書有「謹案」一項，其似涉兩可，而實觀其不然者，亦輒斷以己意。作者固非全無別裁。至於多存異文，則原書體例使然。作者之不輕言折衷，正其多聞闕疑，有大過人者。卽如「古文孝經孔氏傳」，太宰純及知不足齋鮑氏皆篤信其書，太宰至十更裘葛，爲之校讎。而四庫館臣則斷爲元以後日本黠者所影附。山井存疑。由今觀之，兩說俱失，而山井差爲寡過者矣（註十七）日本經部祕笈，如易單疏本、毛詩黃唐本、左傳古鈔卷子本、皆爲山井所不及見。宜都楊守敬氏謂「日本古鈔本，以經部爲最。經部之中，又以易論語爲多。大底根原於李唐，或傳鈔於北宋。是皆我國所未聞，其見於七經孟子考文者，每經不過一二種，實未足概彼國古籍之全」。（註十八）誠屬信然。顏黃門有云「校定書籍，亦何容易。自劉向，楊雄方稱此職耳。觀天下書未遍，不得妄下雌黃」。清代之以校讎卓然名家者，如錢大昕、盧抱經、及高郵王氏父子，皆處優裕之境，享耄耋之壽，從容論定，博取愼擇，所以夐不可及也。山井鼎崛起草茅，家無文獻之傳，位僅藩儒，難窺中秘之藏。販鼠賣蛙，資刻苦以成家。乃復天促其年，鬼忌其業，有書僅成，一瞑不視，其不能與盧王等大師，並駕齊驅，境也亦命也。若其亢心希古，以身殉學，幽懷孤抱，方之史冊閎儒傑士，無少讓焉。此其所以集學人之敬重，受尸祝於百年歟。

（註一）據本城問亭山井崑崙事略，宇佐美惠助灊水叢書。名人忌辰錄及大日人名辭書作年四十八，疑誤。

（註二）伊藤東涯名長胤，日本京都人。自其父仁齋爲碩儒，排宋儒倡古義，文宗明之唐順之歸有光。設塾於京都堀川，從之遊者稱堀川學派，東涯承家學，著有詩文集，復性辨，古學指要等書。乾隆元年卒，年六十七。

（註三）荻生徂徠本姓物部氏，簡稱物徂徠。淸雍正六年卒，年六十三。譯文筌蹄六卷，康熙五十四年出版，說明譯漢文時同義異字之選擇，及動詞形容詞副詞用法等，由門弟子筆記成書，以便於初學，盛行一時。

（註四）金澤鎌倉繪島之行，三人各有遊記。太宰著湘中紀行見其所著春臺文集卷四。安藤撰遊湘紀事見所著東野遺稿卷四。山井之鎌倉紀行，收相模風土記稿中。明治十七年二月出版。太宰純字德夫，號春臺，信濃人，以治經名。校刻古文孝經孔安國傳輸入中國。乾隆四十一年刻入知不足齋叢書中。四庫總目卷三三十二收之。安藤號東野，下野人，工古文辭。徂徠以其長才，且及門獨早，特愛重之。年三十七卒。

（註五）據宇佐美灊水叢書及東條琴臺先哲叢談續編卷九，根本遜志條。

（註六）見灊水遺書。

（註七）小野篁精漢學能詩文，日本嵯峨帝時任爲遣唐副使，未行。唐宣宗大中六年卒，年五十一。上杉憲實關東管領家臣，明成化二年卒。

（註八）根本遜志字伯修，號武夷，本下毛人，徂徠門人。乾隆二十九年歿，年六十六，與山井善，享保二年，山井曾偕太宰安藤訪其家。根本校訂梁皇侃論語義疏十卷。此書中國唐末宋初已佚，寶曆初輸華。乾隆三十八年著錄於四庫。鮑氏知不足齋叢書第七集複刻之。

（註九）據嘉慶二年儀徵阮氏小琅嬛僊館刊七經孟子考文補遺阮序，物茂卿序，著者凡例。

（註十）據德川實記有德院御實記卷二十七。

（註十一）德川實記有德院御實記卷三十二。

（註十二）據明君德行錄。

（註十三）據近藤正齋書籍考天明六年日下部高秀訪足利時之山吹日記及吉田篁墩近聞偶筆卷三。

（註十四）覆刻知不足齋叢書古文孝經大鹽良跋文。

（註十五）汪鵬字翼滄，又號竹里山人。全浙詩話載其詩一篇。日本平澤旭山有安永三年（清乾隆三十九年）記長崎見聞之瓊浦偶筆，述與之筆談，謂其人信愨，亦好讀書。汪著有日本碎語一卷，亦名袖海編，見昭代叢書戊集，小方壺齋輿地叢鈔第十帙。其書尾署乾隆甲申重九日竹里漫識于日本長崎唐館。並謂「吾三到崎嶴」，其購考文在第幾次滯長時，雖不可知，要當在乾隆甲申（二十九年）前也。

（註十六）本城問亭遺文卷五，山井崑崙事略。

（註十七）楊守敬「日本訪書志緣起」，四庫總目卷三十二，知不足齋叢書古文孝經孔氏傳太宰純序。

（註十八）楊守敬日本訪書志緣起。

附錄

一、由歸化人所見之中日關係

中山久四郎著

世多言中日同文同種，然一問及兩民族之血統關係，混化事實，則罕有能道之者。本篇述日本民族中所包含之華人成分，淸以前情勢略具。玆譯出以供參考。作者中山久四郎氏東京人生明治七年（一八七四），東京帝大文學科畢業，曾任史料編纂官，授文學博士，久任東京文理科大學東洋史教授，滿洲軍官學校教授。著有「史學及東洋史研究」（昭和九年八月東京賢文館版）「東洋史辭典」（昭和十年東京雄山閣版）等書。本篇收氏所著「讀史廣記」（昭和八年東京章華版中。

一、緒言

今日地球上各國人民，殆皆爲複合民族，決無僅由本土固有土著（Aboriginal）而成者。日本國民亦然，大體爲天津神之天孫民族，與國津神之土著民同化融合而成。更雜以由海外諸國移居歸化之諸民族，亦卽所謂複合民族也。

日本國民與中國及其他外國人混血，觀「日本後紀」平城天皇大同四年（唐憲宗元和四年）正月辛亥詔勅中有云：

倭漢惣歷帝譜圖，天御中主尊標爲始祖，至如魯王，吳王，高麗王，漢高祖命等，接其後裔，倭漢雜糅。

又「神皇正統記」應神天皇時有云：

自通三韓震旦以來，異國之人，多歸化此國。秦末有高麗百濟乃至蕃人之子孫來，與神皇之裔相雜，因作有姓氏錄。

「大日本史」氏族志中，蕃別記事，綿亘二卷。古來歷史記錄中記韓漢歸化人事者至多，此皆可徵日本國民血液中雜有漢人及其他歸化人。

此問題本爲國史專門家之研究範圍，爲予輩治東洋史者所不應問津。惟余以爲在普通教育或中等教育，東西洋歷史之教授，必與國史保持密切關係。今日東洋史科主要部分之中國史，殆與中國人所讀之中國史無殊。其西洋史亦大類西人所讀之西洋史。此於普通中等教育，甚爲不宜。最高學府之專門研究，今姑不論，於普通中等教育，乃至一般國民，東西洋史均應爲日本所讀之東西洋史。故治東洋史者應常注意國史。於和漢關係史，當於國史範圍中進行研究，以此意義，敝人雖非國史專家，亦敢於國史上華人歸化問題，一述愚見，以就正於高明焉。

二　秦之歸化人

華人歸化日本之較古者，爲秦漢魏吳各代人，而最先來者爲秦人。秦人初來者有徐富，正史不記其事，其眞僞不明。

應神天皇時，秦人多由朝鮮來歸。雄略天皇時，散處各地之秦人達一萬八千六百七十人。欽明天皇時，有秦人七千五十三戶。一戶如以七八人計，則爲五萬餘人。自歸化以來，從事蠶桑絹織等產業，並任政府大藏等要職，爲世所周知。

欽明天皇紀記於畿內及伊勢諸地營商之秦人大津父，入天皇夢，得優寵，大致饒富。天皇即位後拜大藏省職。聖德太子稱秦氏產業之功謂爲「國家之寶」均可見歸化秦人之有力。

聖武天皇時，秦氏在京畿者凡一千二百餘家。據「大日本史料」引用正倉院文書，文武天皇及聖武天皇時，御野（美濃）國味蜂郡（安八郡）春部里，本簀郡（本巢郡）栗栖太里，各牟（各勢）郡中里，山方（山縣）郡三井田（三田）里，加毛（加茂）郡半布（植生）里，山背（山城）國愛宕郡雲下里，築前國島（志摩）郡川邊里等戶籍薄寫經司啓文等，皆記有之。其中秦人之裔之姓氏，歷然可指。

詳觀此等記事，當時秦人之歸化，非等閒之外國人移住，乃以產生堯舜孔子之中國大陸文明爲背景而來，即以嶄新文化之美果之一部爲贈品者，極堪注意。

秦人自昔雄於財力。試舉一二事爲例。聖武天皇天平十四年八月丁丑，造宮錄正八位下秦島麻呂以自力營大宮垣之功，超擢從四位下。桓武天皇延曆三年十二月乙酉，山背國葛野郡人外正八位下秦足長以築宮城功，授從五位上。同年八月乙酉，正七位上太秦宅守以營太政官院垣功，授從五位下，由此數事可知。

更就奈良平安朝時代，秦氏所任之官職列舉之：

圖書頭　主計頭　造酒正　參河守　長門守　飛驒守　備前介　日向守　播磨介　豐前介

因播介　越後介　相模守　攝津介　山城介

有中央要職，有地方長吏，其事不及詳述。桓武天皇時，嵯峨天皇乳母太秦忌寸濱夫人曾蒙賜姓「加美能宿禰。」降至近世，有名之土佐長曾我部氏，乃著名於皇極天智天皇間秦河勝之後。

此外馳名能樂界金春家之祖，亦出自秦氏。金春流猿樂之祖，金春氏信（應永八年歿年八十六）乃秦河勝之四十四世孫（金春系譜）據「徂徠集卷九，物徂徠之姑丈川勝藤右衛門乃秦河勝之遠孫。

徂徠以內侄，有祝其五十壽文。「春臺先生文集」後稿卷六，載古來以伶官名之秦兼亮新造樂器之文。

現代之秦氏尚如何乎。試檢案頭之「學士會會員氏名錄」依大學卒業年度言之，以故遞信大臣衆議員法學士秦豐助君爲始，凡得十四人。試調查此諸君糸譜，甚屬趣事。

秦氏外波多，波田氏之事姑勿論。惟宗，時原，香登，高恒，已智，山村，櫻田，三林，長岡，奈良等稱爲秦始皇之後者，限於篇幅，茲不詳述。

三、周王魯公之後

上古歸化華人，除自稱爲秦始皇之後者外，有稱爲周靈王太子之後，魯公伯禽之後，吳王夫差之後者。此自昔歸化之華人，自稱爲某帝某王之裔，乃厭棄故土，歸化日本，而猶自尊的詐稱家糸乎，抑鬪日本重系譜之國風，迎合以售欺乎，事雖不明，要之可疑亦可憐也。

四、漢人之後

繼秦人歸化者爲應神天皇二十年（西晉太康十年）後漢靈帝之裔阿知使主，都加使主所率之十七縣民。大日本史氏族志蕃別漢土條，記有十一氏爲文，靜野，武生，櫻野，古志，栗栖，高道，檜前桑島，豐岡，下曰佐。

皆自稱漢高祖之後。始傳漢學於日本，如百濟王仁之裔，亦稱系出劉季。（據「續日本書紀」桓武天皇延曆十年四月戊戌左大史文忌寸最弟等上言）王仁之後聖武天皇時有高僧行基。如桑原氏孝謙天皇天平寶字二年時，居於近江神崎郡者凡一千一百五十五人。以下四十三氏，則自稱爲漢靈帝之後而歸化者。

坂上、文部谷、民、路、檜前、檜原、文、山口、調、石占、藏原、蚊屋、佐太、畝火、內藏、大藏、藏、櫻井、平田、池邊、火撫、栗栖、葦屋、丹波、若江、木津、國覓、小谷、長尾、高田、夏身、田部、井上、吳原、石村、林、忍坂、酒人、荒田井、長、高向、鞍作、蓼原

其中坂上氏於桓武天皇時，出有可稱爲古代日本武將代表之田村麻呂等，致力於陸奧出羽方面鎮守，厥功甚大。據坂上氏系譜，歸化之初居大和高市郡時「人衆巨多，居地隘狹，更分置諸國。攝津參河、近江、播磨、阿波等漢人村主是也。」又「高市郡內檜前忌寸十七縣人夫，滿地而居，他姓者十而一二。」亦見於坂上系譜，可見漢人分布繁殖於各地。

大藏氏之後，壽永年中領有筑前夜須郡秋月莊，子孫爲秋月氏。其族有原田、田尻等氏。均爲九

州名族。據「東京城日誌」第一，明治元年十月條，天皇東京駐輦中，每日修和漢歷史，當時膺進講資治通鑑之榮者，爲九州高鍋藩主秋月右京高種樹氏。秋月候並撰宮中進講用之鶴牧版（或爲修來舘藏版）史記評林序文，署「明治二年己巳歲十月」「從四位守大學監兼侍讀大藏朝臣種樹撰」其印章爲

劉印種樹　　漢高苗裔

昔王仁以漢高苗裔，於應神天皇時來，爲日本儒學之祖。今秋月候亦以漢高苗裔，侍讀明治天皇，有禪明治維新之皇治。歸化漢人與日本儒教漢學之關係，實非淺鮮。

丹波氏自圓融天皇時，丹波康賴以來爲醫學博士，典藥頭，子孫世其業，代有聞人。白河天皇及堀河天皇時代之丹波雅忠有日本扁鵲之稱。

其次廣原、當宗、志賀、大友、安墀、春良、錦部、山城、河內、永野、臺、凡人中家等十二氏均稱漢獻帝之後，其中當宗氏爲宇多天皇之外祖母，其系譜如下。

（五〇）桓武天皇——仲野親王
後漢献帝……當宗氏
（仲野親王、當宗氏）——班子女王
（五八）光孝天皇
（光孝天皇、班子女王）——（五九）宇多天皇

祭當宗氏祖神之當宗神社，見於「河內名所圖會」四志紀郡及「河內名所記」卷四。

傳教大師最澄亦漢献帝之裔，爲有名史實。此外高村、眞神、田邊、大原、廣海、吉水、交野等七氏，亦漢之王族，或漢人之後歸化者。

五、劉氏學者

德川時代，漢學流行，倣華風省二三字姓爲一字姓之學者頗多。因而稱爲漢王或漢人之後之學者，不乏用劉姓者。例如寬政三博士中之古賀精里，常稱爲精里劉先生。其他有劉龍門（紀州人宮瀨龍門，通稱維翰，龍門其號）劉元簡（丹波氏，號桂山）劉琴溪（田村七藏）劉韶（坂上是村，町口氏）劉奮（池原日南）等。近人有劉橘門（秋月氏）劉石秋（名蘿字君鳳，日田人，廣瀨淡窓門人）等，德川時代末期有三劉，八龜，七賴之稱。八龜者龜井氏之八儒，七賴者賴氏七儒，三劉卽古賀氏三儒（精里、穀堂、侗庵）。

六、魏吳及唐人

漢人之後歸化者有魏人吳人唐人。稱爲魏曹操之後者，有高向、雲梯、民使、郡、大崗、幡文、河原、上、廣階、平松、野上、筑紫、河內、御杖等十四氏。稱爲吳孫權之後者，有牟佐、茨田、蜂田、深根四氏。此外燕公孫淵之後有赤染、常世二氏。赤染氏中有有名之才女赤染衛門。次則吳主照淵（疑爲南朝梁武帝蕭衍）之後，有和藥氏。孝德天皇時和藥善那以獻牛乳賜姓爲和藥使主。復有稱爲北齊隋王公之後而歸化者。

唐人之歸化蒙賜姓者有千代、淸宗、八淸水、楊津、淸海、淨山、嵩山、榮山、長國、淸川、淸村等十一氏。其中賜姓淸村者爲唐人袁晉卿。聖武天皇時來歸，後歷任大學音博士，大學頭、安房守、日向守、玄蕃頭等官。

此外唐名臣汾陽王郭子儀之後裔，來薩摩稱爲汾陽庄右衛門，見於「鳩巢小說」及「白石紳書」卷七。又唐段秀實之後裔爲阿波德島人，仍姓段，由「如蘭社話」卷十三所載渡邊眞楫氏題爲「遠方人」之說可知。

七、宋明人及其他

比及近世，歸化日本之華人亦不少。今不能詳記，僅就一時念及者錄之。宋元時代高僧之來朝者，有道隆、覺心、普甯、祖元、一寧等。博多聖福寺開山千光禪師入宋，歸國時宋人多隨來者。聖福創立時，使居境內。其子孫蕃殖，皆以歌舞伎爲業。亦有往他國者。見於甲子夜話卷五十七。又平戶有宋末人之事，見於同書卷八十八。

此外應特記者，爲自稱爲宋林和靖之後之林淨因。建仁寺第二世龍山禪師入元，曆應四年（元順帝至正元年）歸國時，彼隨之來日，後改氏鹽瀨，始居奈良，創製饅頭，爲日本饅頭之元祖。出有有名之「饅頭屋本節用集」又筑前國遠賀郡蘆屋之蘆屋釜製造，亦由元人爲之。

元末明初歸化人可注意者爲陳孟千、陳百壽及俞良甫。二陳於建德元年（明洪武三年）來日，空華日工集記「唐人刮字工陳孟千陳伯壽二人來，福州南臺橋人也。」爲雕板工來朝之始見於文獻者。俞良甫歸化與二陳同時。拋私財從事雕板事業者數十年。現存俞氏開板書猶達七部百數十卷之多。觀其所刊「傳法正宗記」及唐柳先生文集題文，可知俞氏故鄉履歷及捐財印刷大略。當時日本罕見開版印刷之事，彼有此美舉，其功極應感念。

明人之歸化者有台州人陳延祐（通稱陳外郎）彼於應安元年（明洪武元年）來博多，精通醫術，其子奉足利義滿命使明傳來「透頂香」之製法，俗名「外郎」廣行於世。其後人迄今連綿不絕。相州小田原町十字一丁目之外郎藤右衛門乃其第二十餘世孫，爲當地故家。其墓自陳氏第八代以後，整然相續。「外郎珍果」爲名古屋名產之一。尾張名古屋地黃圖之祖壽山甫亦明人，見於「佳興遊覽」二名產條。

肥前武富氏亦嘉靖時明人之後。更奇者赤穗四十七士中亦有明人之後，即武林隆重（通稱唯七）是。彼本姓孟氏，明杭州武林人孟二寬之孫。二寬於豐臣秀吉征韓之役，以援軍入朝鮮，戰敗被俘，遂爲日本人，改稱武林次庵，業醫。其子半右衛門仕赤穗，唯七即半右衛門之子，此事見於鳩巢小說赤穗義人錄，甲子夜話等書。

朱舜水、陳元贇爲明末歸化人之特著者。自隱元以至獨立木庵、即非等數十黃檗宗高僧，亦於明末清初由中國東來。僧心越亦明季歸化僧之卓著者。

長崎明清人歸化之事，見於「長崎先民傳」「長崎實錄大成」其他長崎地志書及「通航一覽」等書總計達四十餘氏。其中不乏長於醫術、儒學、繪畫、通譯者。故非惟有貢獻於日本近世，如何盧鄭吳頴川諸氏之後，明治維後於朝野諸方面，均有傑出人物。其詳限於篇幅，不能盡述。

八、結　語

要之，自古華人歸化日本者甚多，從事學術、產業、政治、宗教、醫藥等方面，其功績極大。以人種混血融合，與日華關係以甚深之影響，自不待論。明治天皇御製歌有云：「我國既繁好，廣樹異邦花草」謹以此語，結束本文。

二、秦民族對於日本文化之貢獻

中瀨古六郎原著

民國三十一年三月一日，余於京都黑川直也氏宅宴席上晤中瀨古六郎博士，年逾古稀矣，華髮盈顛，鶴骨峋嶙，語重心長，古道熱腸君子也。臨別依依，出文一篇，蓋曾刊於同志社高商論叢第二十三輯者。謂此文爲國人作，惟如蒙設法爲譯告中國友人，亦所深望。氏治自然科學，以業餘論史事，雖偶有失檢，而引據繁博，識解通澈，是固可以傳也。因請楊新民君爲譯出一部，而余爲足成刪訂之；其有誤譯則由余負責云。梁盛志附記。

一、序　說

秦徐福以西元前二一九年奉始皇之命，率童男女三千人來日本，在今之和歌山縣東部地方上陸，把種植、蠶、織、醫藥、算數、百工學藝技術從大陸移植於此土之事，予曾詳述於日本學術協會報告第十三卷中。

自此以後，日本與中國大陸及朝鮮間往來交涉頻繁，實因日本工藝，尤其是造船技術呈長足進步之結果，且亦可證明日本國民對大陸文化藝術，嗜慾旺盛，消化力强大。垂仁天皇朝，遣天日槍之後裔田道間守赴華中方面，自西元六一至七一十年間(漢明帝時)，從事中國植物之研究，採集柑橘類種品。彼自今之上海杭州寧波附近，探檢江南各地而歸國一事，予亦曾詳論於同協會報告第十四卷中。

如此一個祇有神話傳說，從事農漁的日本國，乃開始推論數理，研究工藝、創興醫療、紡織、墾田等學術。秦漢民族貢獻之偉大，由此可以想見。

所謂秦民族者，在廣義上說是包括西元前三世紀爲秦始皇所征服統一之東亞空前大帝國內之諸民族而言。至漢代以後，羅馬帝國東部以及叔利亞國亦被稱爲大秦。然本篇所謂秦民族者，乃指日本歷史上自稱爲秦之遺民之特種民族而言。

據後漢書東夷傳(成於西元四四年中)則日本神功皇后應神天皇以及仁德時代，亦即西曆三四世紀時，朝鮮南部居有馬韓，辰韓，辨韓三民族。其中辰韓當今之慶尙道地方，亦自稱爲秦韓，乃古時秦之遺民，避漢苦役而移住朝鮮者。在當時尙操秦語，風俗嚴正而重禮儀，奬勵養蠶，紡織絹布馴役牛馬，從事鑛山製鐵，與四方民族貿易，以歌舞音樂自娛。此秦韓人亦卽秦之遺民。其祖先自今之陝甘等省移來，爲形成朝鮮以及日本歷史上新羅國之中堅者。

二、日本史上之秦民族

予以新羅國之中堅爲秦民族的理由，已如上述。如據古事記與日本書紀，則有素盞嗚尊於天之岩戶之變後，與子五十猛神同渡新羅，後又回歸出雲國之事，然新羅國乃元前五十七年秦韓一邑長赫居世併合秦韓六部而建立，慶尙南道之辨韓，亦與之合流。垂仁天皇三年（西前二十七）新羅王子天日槍來播磨國，請於天皇，巡遊各地之後，終定居於但馬。天日槍自新羅齎來而成爲今國幣中社出石神社之神寶者，爲著名的「珠二貫」，「切浪比禮」，「振風比禮」，「切風比禮」，「奧津鏡」，「邊津鏡」等。蓋日本史上以外來人而祀於國幣社者，天日槍外別無他例。此當因彼之五世孫葛城高額姬爲息長宿禰王妃，乃神功皇后之母故。前述之田道間守，亦卽天日槍之後裔。

此後仲哀天皇朝，當四元二世紀末，秦始皇之後裔功滿王者，從百濟來朝。至其子弓月君時，聲請欲使當時爲新羅所阻而殘留於加羅國之部下百二十七縣之秦民，盡行歸化日本。應神天皇乃於四元二八三年（西晉太康四年）遣葛城襲津彥召之，三年而不還。乃更遣平群木兎等率兵迎之，終移弓月之餘黨來，賜以朝津間掖上之地使居之。

如上述因秦民族對日本文化開發以及殖產工業曾有極有利的貢獻之故，乃至賭戰爭而努力誘致之。彼等自築堤鑿池掘溝等土木工程，並養蠶紡織等精密技術，以至於理財簿記計數等精神勞動，皆能發揮卓越天才，故深受朝廷保護，而配屬於諸郡中。仁德天皇深賞彼等所獻絹布之優秀，終至賜姓「波陀」（ハダ）。史書謂「因絹布使肌膚清快，故呼造之者爲「ハダ」」，然實恐係因絹布乃由精密裝置之「機」（ハタ）織成，故稱秦爲「ハタ」者。此爲西曆四世紀中葉事。降至五世紀中葉，雄略太皇朝，秦民族業已分散各地，因其勤勞耐苦，爲地方官吏所任意驅使，天皇乃下詔糾合秦民族，任所謂「秦酒公」者爲其長官。此時歸於酒公治下之秦民總數共一八六七二人，別爲九十二部屬，每部平均約二百人。彼等主要業務爲從事蠶桑紡織，而以所產獻納朝廷。因彼等免除一切勞役得專力於精密工藝之改進。故朝廷恩遇日篤。自雄略天皇時，甚賞其民俗優秀，資產豐饒，而賜姓「禹豆麻佐」（ウヅマサ）即「ウヅタカクマサリツモル」之義。此實天皇御宇十五年，即西元四七一年（劉宋泰始七年）之事。此時始於宮城內建儲財寶貢品之倉庫而名爲大藏，選拔典守人員，即以秦酒公爲大藏長官，此即大藏省之創始。至後世將「禹豆麻佐」書爲漢字「大秦」。續日本紀十四卷聖武天皇天平十四年（唐天寶元年）時，秦下島麿叙從四位下，授名大秦公，賜以多量金錢絁布綿等，且使築大宮垣。

三、京都太秦廣隆寺

今京都市正西，略當山陰線花園站與嵯峨站中間，有著名之太秦廣隆寺。今雖屬於右京區。十數年前則尙爲葛野郡太秦村。由嵐山乘電車而往，則太秦區之入口有「蠶社」驛，次「太子前」，又次爲「帷子」。此「蠶」與「帷子」等名，很可想像卽古代養蠶機織等歷史之起源。距此不遠有高等蠶桑學校，所謂「太子前」者，蓋因秦川勝受聖德太子命，於此建廣隆寺，在太子堂中祀有太子自作像且有歷代天皇所寄贈之「黃櫨染」的御袍，御下襲，御表袴，御內着，御石帶等。

日本書紀中關於廣隆寺建立，於西元六〇三年之緣起，有如下之記述。卽推古天皇十一年十一月己亥朔，皇太子謂諸大夫曰，我有貴重之像，誰欲奉祀此像，時秦河勝進曰，臣欲奉祀。乃受佛像而造蜂岡寺。按當時太子存有新羅所獻之金銅彌勒菩薩，與百濟所納之金銅救世觀音等。秦河勝請賜下，特於其領地桂川附近（原九條地原里，卽今之右京區七條西京極川勝寺町）建一寺院以禮奉，此卽蜂岡寺。後因此地卑濕，每數十年輒有水患，故北移約二千米餘，卽今之太秦廣隆寺所在。又寺內之桂宮院爲鎌倉時代建築，惟宮中之阿彌陀佛，則據傳係隋煬帝贈於推古天皇之本尊。

大酒神社與廣隆寺接境，其東側有名爲「大酒神社」（オホサケ神社），之村社，載於延喜式之神名帳中。原名大辟神社（オホサケ神社），祭神爲秦始皇帝，弓月王，秦酒公，陪殿則祭「吳織」「漢織」。其神階於治曆四年（宋熙寧元年）進正一位，爲養蠶及織機之神社。又奉爲管絃舞樂之祖神。佐伯好郎氏申論之曰，「大辟神社之辟爲君之義，大辟意爲大君，恐係祭古代猶太之大闢（ダビデ）大王者。」蓋佐伯氏意中認爲「太秦」與唐太宗貞觀五年（六三一）建立於長安之景教太秦寺有一脈連絡。（所謂景教者乃唐初由叙利亞即大秦國傳來之Nestoria派之基督教。）

太秦村東端有蒼鬱之森林，其中有鄉社名木島神社。推古天皇十二年（隋仁壽四年）創立，內祭瓊瓊杵尊，火火出見命，鸕鷀葺不合尊等神。附於本社境者，有著名之養蠶神社，此不僅是京都府下乃是全國養蠶機織綢緞商業者所尊信之神社，內祀保食神，此花咲耶姬命等神，爲秦民族深所崇敬。

想來係推古朝時代，於此備極全盛，富力壓倒四方之數萬秦民，一方從其祖先的第二故鄉朝鮮，迎來彌勒觀音阿彌陀諸佛而祭之，一方更追溯到秦始皇以下秦氏之祖先爲建廟，更進而奉祀其新的故鄉日本開國之神靈。

四、秦民族之繁榮

雄略天皇朝（四七一），秦酒公調查秦民人口時，其數爲一八六七二人，其後約經七十年，至欽明天皇元年（五四〇）大藏長官秦大津文所調查之戶數則達七〇五三戶，如以一戶五人計，猶及三萬五千人以上。再經六十年左右，到廣隆寺建立時（六〇四）當有其一倍以上，即七萬乃至十萬人。此事由明治大正日本人口之增加率上看來，不難想像。如此當六〇四至六一六年時代（隋煬帝時），於山城國葛野郡桂河之畔，建立備極輪奐之美的廣隆寺，其周圍蟠居着擁有數萬人口，產業殷盛之秦民族。至七四二年（唐天寶元年），此大部落長官秦下島麿叙爵從四位下，賜以大秦公之名，已如上述。且日本語「禹豆麻佐」一詞，係「ウヅタカク、マシツモル」之義，故以漢字書之，無疑卽爲「廣隆」。

降至桓武天皇時，於七八四年（唐興元元年）營帝都於太秦邑附近之長岡。七八八年創延曆寺於叡山　七九四年（唐貞元十年）終遷都於新平安京（卽今之京都市），隨之於京都四周立鞍馬寺，東寺、西寺、清水寺等大伽藍，帝都內外雄大之土木建築迅速完成，而任命漢民族中最有力的後裔坂上田村麿爲征夷大將軍。清水寺卽田村麿所創立，其殿堂乃移彼之私邸而成者。當時新自秦故都長安留學回朝之弘法大師（空海）傳敎大師（最澄）等，更在日本思想界宗敎界中，扶植空前的勢力。

五、太秦與文學

比十世紀以後，太秦已成爲日本文學上名地之一。清少納言之枕草紙謂「八月晦日左右，如進香大秦，則見稻穗盈疇，刈者甚衆」較此書更遲百年之更科日記謂「覺世事艱虞，宿大秦寺祈願……」

十三世紀兼好法師之徒然草中「此有名之才王丸爲太秦殿中人，亦卽御牛飼者。」又元良親王參詣大秦寺派宮中貴嬪時歌云，「地雖是近郊，只唐風味能領略到」可知太秦寺在平安鎌倉時代，與桂川清流，嵐山櫻楓比隣，爲月卿雲客王公貴人齋祈巡禮的京都名勝地之一。

六、秦民之後裔

秦民之子孫，因其社會背景之優越，及個人才具之俊秀，故所至受歡迎，因而不久卽已蔓延於日本全國。屬其血統者不僅島津、原、宗、川勝諸氏。卽惟宗、朝宗、時原、高尾、山村、己智諸家，亦多出於此者。

予於本文稱爲「秦民」者，雖指隨秦之徐福天日槍以及隨弓月君而來歸之民族，並其後裔。而原來所謂「秦」國者乃西元前八九七年，非子於今之陝西省以及甘肅省地所建之國。至元前二二〇年前後，竟至征服統一東亞之大半。南至印度，北接滿蒙國境。秦帝國亡後約經六百年，「前秦」興，再都長安。後取洛陽，三七二年（東晉咸安二年）始送佛經及僧侶於高麗。自此高麗及新羅相率而赴「前秦」朝貢，至三八四年（東晉太元九年）又始傳佛教於百濟。此時正當日本仁德天皇七十二年。「前秦」之後，「西秦」「後秦」相繼而興。至宋武帝於四二〇年統一華中華南，乃全皆滅亡。如此一王國一侯國乃至一帝國的秦之興亡隆替，雖使人目眩，而秦民族每經一次事變，便愈加廣布於天下。

七、漢人之後裔

在日本史上，秦之遺民外，被稱爲漢人之後裔者亦非少數。蓋秦人與漢人之間，無論在人種文化地理上，全無重大的差別，只不過是歷史上形成之集團。至古代日本之漢人，當以今朝鮮平壤地方爲根據之漢代樂浪郡爲出發點而來者爲主。

自西元二八三至三一〇，約三十年間，漢人阿直岐、王仁、阿知使主等或伴縫織女工，或携鍛冶工人及釀酒技師，多經百濟而來。由此與日本文化生活以飛躍進步之事實，不難想像。

王仁爲漢高祖之後裔，其祖父時始來百濟。王仁之子孫以文事仕於日本，以「西文首」爲氏。其後由其一族之中分出武生、櫻野、栗栖、淨野、古志、高志、下日佐等家。奈良朝之名僧行基（六七〇—七四九），實卽古志氏也。

阿知使主爲漢靈帝之曾孫。彼初至朝鮮方郡，後與其子都加使主共率十七縣人民歸化於日本。履中天皇卽位，旣擧以爲大藏長官，賜食邑。雄略天皇則賜彼一族「漢人」之姓，而呼之爲「東文」。其子孫分支爲坂上、路、檜前、山口、調、大藏、平田、櫻井、池邊、丹波、長尾、井上、林、鞍作等數十氏。坂上田林麿將軍事，已如上述。

八、結　語

吾人如靜觀日本歷史大辭典，而尋冠有上列諸姓之人物事跡時，必不能不驚嘆彼等對於日本文化興隆貢獻之偉大。

吾人再閱日本地名字典，則又不能不感嘆其中所採錄之有關於「秦」氏之郡市町村部落名之衆多。例如波多、波田、八多、八太、羽田、幡太、服織（美濃）羇多、幡田、幡多等係單純者。複合名詞則又有波多江、秦川、波多野、機殿、機初、秦下、幡屋、幡羅、波多須等，皆可認之爲「秦」字之延長。

如此論來，中日韓之文化，實爲一家一門一族一統，毫無其他成分，愈可感到矣。

三、「大日本史」與中國史學

加藤繁原著

大日本史創始於水戶藩源光圀，發凡起例則朱舜水弟子安積覺等任之。儒臣賡續，迄明治三十九年（一九〇六）始全部完成。爲書三百九十七卷，前後費時二百五十年，參考博而別擇精，紀傳表志，各體具備。蓋東土空前之史部傑作，攝吾國史學之精義，而又能獨具別裁也。本篇以與吾國正史比較論列，可爲日人吸收抉擇中國文化之一例，即作爲外國人之中國正史評亦至饒興致也。作者加藤繁博士，明治十三年（一八八〇）生于東京，曾任東京帝國大學東洋史教授，著有「中國古田制研究。」其「唐宋時代金銀研究」一書曾得日本帝國學士院獎金，推爲世界經濟史名著。本篇原文見「日本史學史論叢」中，昭和十四年五月東京富山房刊。

一、緒　言

日本修史事業，入江戶時代而大盛。江戶時代史籍依文體別之，可分漢文和文兩種。漢文體者更可依中國所謂「正史類」「編年類」「紀事本末類」等分之。和文體者於種種意義上受中國史學影響，而漢文體者所受影響自益大。紀傳志表編年紀事本末等正史體制，既成立於中國，江戶時代史家不過承襲之而已。但彼等於中國史籍體裁，編纂敘述法，非漫然模倣。雖以作者與著述，各有不同，均能省察已國特殊情勢，加以取捨修正。今不及一一論列，僅就日本最初之正史，亦即江戶時代史部傑作之「大日本史」檢討其與中國史學史法之關係，闡明其受中國影響至如何程度。

二、體裁

大日本史之目次略如左：

本紀	七十三卷	后妃列傳	十二卷
皇子列傳	七十四卷	皇女列傳	六卷
列傳	七十二卷	將軍列傳	八卷
將軍家族列傳	四卷	將軍家臣列傳	二十二卷
文學列傳	五卷	歌人列傳	四卷
孝子列傳	一卷	義烈列傳	一卷
列女列傳	一卷	隱逸列傳	一卷
方技列傳	一卷	叛臣列傳	四卷

逆臣列傳	四卷	諸蕃列傳	十二卷
神祇志	二十三卷	氏族志	十三卷
職官志	五卷	國郡志	三十三卷
食貨志	十六卷	禮樂志	十六卷
兵志	六卷	刑法志	二卷
陰陽志	六卷	臣連二造表	二卷
公卿表	七卷	國郡司表	十二卷
藏人檢非違使表	四卷	將軍僚屬表	三卷

全書由本紀，列傳、志、表四種而成，全襲中國正史體製。以下依次檢討其內容。

1. 本紀　茲先略述本紀及列傳纂修之沿革。義公（源光圀）在世時，盡力於資料之蒐集，及列傳之編纂。天和三年（一六八三清康熙二十二年），光圀五十六歲時，成神武天皇至後醍醐天皇本紀二十一卷，及皇后紀五卷，諸女列傳二卷，皇子傳五卷，雜士列傳一卷，列傳七十卷，共計百四卷其後水戶稱爲舊紀傳者是。嗣復擴大續修，寶永六年（一七〇九康熙四十八年）綱條時成本紀七十三卷，列傳百七十卷，紀傳大體完成。享保五年（一七二〇），献上幕府，享保末至元文初，由安積澹泊等校閱訂正。寬文初更由塙保己一等校訂，遂爲定稿，奉獻朝廷，時文化七年（一八一〇嘉慶十五年）也。紀傳纂修雖多歷歲月，然其規模似已大定於義公末年。

中國正史皆爲皇帝立本紀，以叙一代公事，皇后則不立本紀，以入列傳爲常，但史記有呂后本紀，漢書倣之立呂后紀，後漢書各皇后均立本紀，新唐書立武后紀，記武后稱制行皇帝事以後公事，其私事則入后妃傳武后部，大日本史初立皇后紀，嗣改爲皇后傳，見於修史始末上禎享元年八月十一日條，其立皇后紀乃倣後漢書，改后紀爲傳，僅爲天皇立本紀，乃依中國正史之通例者。

皇極天皇復辟，稱齊明天皇，大日本史因爲立二本紀，此因復辟時重行即位禮，顯應以二代計，孝謙天皇亦曾再臨朝，稱稱德天皇，此時未行卽位禮，而孝謙，稱德之名乃群臣所上尊號而非追謚，故光圀視爲一代，孝謙朝紀事爲稱德孝謙天皇前紀，稱德朝爲稱德孝謙天皇後紀，但至藩主治保時，改從舊史，視爲二代，分別立本紀，其理由爲

帝王謚號，其事至重，不容臣子私自改易，稱德孝謙雖當時上號之文，其析而爲二以別前後，蓋後王有詔所定也，但文献無徵，不可知其何時耳，（修史始末元祿二年按文）

中國正史中明史有英宗前後紀，分北狩以前復辟以後爲二紀，與此頗爲相似，水戶史家殆亦參考明史斟酌國情而定者。

本紀義例亦參考中國正史針對日本國情而定，詳見修大日本史例，茲略之。僅一述年月書法。中國正史本紀，日皆表以干支，大日本史本紀列傳均以干支與日數並舉，修史始末元文元年條云。

安積覺述檢閱議曰，（中略）義公嫌干支之勞推步，使直書日子，雖非史之正體，而三代實錄既有其例云云。

是直書日數，本於義公意，顧水戶史家雖喜直書日數之明快，而亦難棄中國正史體例，故以日數與干支並書，又中國正史於年只書何年年數，大日本史則於年數下加記干支，殆爲求與日之書法一致關於日之書法，中國周一良氏「大日本史之史學」一文(註一)評云。

「推算甲子，每爲讀史者所苦，大日本史之並書甲子及某日，雖若贅疣，實書法至善者也。」

2. 列 傳　列傳於一般列傳外，由后妃列傳以下十六種傳目而成。列傳特標名目，中國亦自古行之。自史記漢書以至歷代正史均如此。史漢均有儒林傳，漢書有文苑傳，齊書有文學傳，隋唐以後史大率揭儒林文學二目。大日本史之文學列傳倣此，專載工於漢詩文者，而別爲和歌作者設「歌人傳」。晉書有孝友傳，宋書齊書有孝義傳，梁書有孝行傳，其後正史多立此傳目。大日本史之孝子傳乃倣此。晉書及新舊唐書宋金元明史有忠義傳，日本史之義烈傳倣此。義烈傳多收全節事主，壯烈捐生之士，至使義勤王，如元弘、建武諸將，則仍入普通列傳中。此亦襲中國正史成例，猶新唐書於段秀實顏眞卿事蹟，於忠義傳外，別立專傳記述。列女之目見於後漢書等史，逸民及隱逸高逸之目見後漢書，晉書，方術，藝術，方伎等目見後漢書以下正史，日本史之列女傳隱逸傳方伎傳倣之。爲外國立傳，史記有匈奴，朝鮮，西南夷，大宛等傳，漢書亦有匈奴，西南夷，西域傳，晉書統稱爲四夷傳，梁書爲諸夷傳，金史明史爲外國傳，日本史之外國傳自屬倣此。

史記於皇后立外戚世家，前漢書立外戚傳，三國志設后妃傳，皇后外附載婦人婕妤等女官，其後正史倣之。自史記以來，爲皇子立傳。有傳所有皇子者，有僅揭事蹟顯著之皇子者。前後漢書以下正史，多屬前者，但大抵散在普通列傳間。南北史及新唐書總列於普通列傳前。皇妃傳後。皇女初不立傳，新唐書始置公主傳，宋明史倣之，日本史之皇子傳皇女傳特參考新唐書而定，見於修史始末貞享元年條，亦基於編者尊崇皇室之熱忱。

晉書卷末設叛逆傳，南史設賊臣傳，梁陳隋書舊唐書不特立叛逆傳目，惟列於卷末外國傳後。至新唐書分逆徒爲二，叛亂者爲叛臣，僭帝號者爲逆臣，附傳於卷末，宋金元史從之。日本史設叛臣逆臣二傳，參考宋以下各史，自不待論。但日本無如唐宋之僭大號者，故日本史以起叛亂者爲叛臣，行弑逆者爲逆臣，其義略變，逆臣則擧眉輪王，蘇我馬子二人。

將軍列傳及將軍家族列傳將軍家臣列傳，乃中國正史所無，此傳目由三宅觀瀾建議，安積澹泊贊之而定。安積夙有立將軍傳之志，觀修史始末寶永五年七月條下文可知。

編修三宅緝明請別立將軍傳，安積覺極贊成之。（按安積總裁欲立將軍傳，其意已萌於元祿重修義例之日云云。）

又安積「書修紀傳義例」（註一）中有如下之文：

「至權威下移，陪臣執命，則王道不振。抑亦甚矣。州郡兵馬之務，將士黜陟之政，專在鎌倉，而敎書與詔書幷行。則其爲體，名雖列傳，實如本紀載記，以著其漸。參之藩鎭列傳，以通其變」

蓋將軍列傳以記幕府政治，於將軍個人事實外，並及其施政紀事。雖名列傳，實類本紀。此種編製，史館諸子殆有不少苦心。中國正史無此類例，但晉書於五胡諸國君主稱帝號者，立載記之目。新唐書於藩鎭之不奉朝命者，置藩鎭列傳。參考此等，新立將軍列傳，述幕府政治之要領，繼以家族傳家臣傳。此以武家政治基礎在家族主從關係，當然不得不如此者。

史記漢書集行迹相關人物，揭於一卷或數卷。雖不立特殊傳目時，亦以收類似人物於一處爲方針，後世史書常忽此法，而大日本史則工爲之。中國周一良氏有云：

「大日本史標目之傳甚少，而類傳亦頗能存古人以類相從之意，不陷於牽强。如卷一〇八至一〇九皆景行至天智時武臣立功於新羅及蝦夷者。卷一一〇皆雄略至敏達時大臣之不得其死者。卷一一三爲推古至淳和之遣隋遣唐使。卷一一六爲入唐留學者與歸化人。卷一一七爲聖武至仁明時獲罪諸臣。卷一二一至一二二爲元明至嵯峨時征蝦夷之武將，及陸奥出羽北方一帶之地方官。卷一三八爲藤原道長，一三九爲藤原氏之不附道長者。卷一五〇皆近衛至土御門時藤原氏以蹴鞠和歌等伎藝見幸者。卷一五七爲崇德至後鳥羽時藤原氏之以學識見長者。卷一六三至一六四爲元弘建武時與誅北條高時者。卷一七五爲新田義貞諸將。卷一七六爲中興諸將。卷一七七亦爲中興諸將而自北條氏來歸者。卷一七八爲歷事南北朝之文臣博學有文采者。又如卷一一二傳天武簒位時爲大友皇子盡節及逃亡者十八人。及天武佐命之臣三十五人，傳前係之以短序。卷一六二傳承久之亂勤王事者。亦冠之以序。深得彙傳之意，而不别標品目。事迹彰而勸懲明，深合史法焉。」

（註三）

右所舉例，卷數雖有疏誤，而詳檢列傳，明類聚立傳之迹，蓋善解編者苦心之所在者。此種彙傳方法如周氏所云，事迹彰而勸懲明，誠可謂協合本書編纂之宗旨。

周氏又論人物配列之順序云：

「中國舊史，父傳常先於子，否則爲人所譏。大日本史藤原藤房季房傳在卷一六三，而其父宣房反在卷一七八，蓋二子早死，而宣房乃逮事後元融帝也。新田義重在卷一八八將軍家族傳，而六世孫義貞等則在其前，與楠正成，名和長年，結城宗廣等中興名將相次。足利義氏亦在卷一八八將軍家族傳，而其玄孫義尊在前將軍傳中，大內惟義亦在卷一八八將軍家族傳中，而子惟信承久之役勤王事，故列於卷一六二。皆因事制宜，不拘於時代前後，親屬尊卑也」。（註四）

列傳人物順序，自史記以來，大率依時代排列，父先子孫。大日本史亦據此方針，而類聚人物標準以國事，其中最重勤王，子孫傳至常有先於父祖者。編者不得已時輒不避時代之變易。此亦中國正史所無之辦法也。

3. 志　大日本史於義公在世中，已定作志，並收集一部資料。當時主盡力於紀傳，志無進展。及紀傳大部完竣，寶永以後始努力於志。初定志目十，西山史館壁上揭十志之目，歷年既久，揭示已剝落湮滅，未能究明。由修史始末寶永七年條略可見，有神祇、禮儀、天文、五行、食貨、地理、刑法氏族、兵馬、佛教等目。寶永後增益志數。寬保時定爲十四，享和中改爲十三。終乃定爲十目如下：

神祇、氏族、職官、國郡、食貨、禮樂、兵、刑法、陰陽、佛事。

中國正史自班馬以來，大抵有志。間有缺志者。而多數正史則具備。如前漢書有律曆、禮樂、刑法食貨、郊祀、天文、五行、地理、溝洫、藝文十志，續漢書有律曆、禮儀、祭祀、天文、五行、郡國百官、輿服八志，魏書有天象、地形、律曆、禮、樂、食貨、刑罰、靈徵、官氏、釋老十志，新唐書有禮樂、儀衛、車服、曆、天文、五行、地理、選舉、百官、兵、食貨、刑法、藝文十三志，宋史有天文、五行、律曆、地理、河渠、禮、樂、儀衛、輿服、選舉、職官、食貨、兵、刑法、藝文十五志。大日本史志中職官志本中土之百官志或職官志，國郡志本地理志或郡國志，食貨、禮樂、兵、刑法等亦顯爲本中土各志。陰陽志述曆與災祥，近於中國律曆志五行志之合體，佛事志殆參考釋老志而作，但神祇志則中國所無，氏族志亦殆略考官氏志，參酌國情，以獨立見地而設者。

要之，當定志目時，參酌中國正史，有所倣效，但決非無批判之模倣。針對國史實情，審愼取捨而爲十志。且取之彼者主爲志目，其意義內容，仍參照國情裁定。各目順序配列亦以日本之國家觀行之。因而十志全體可謂爲日本國家思想之一大體系。志總序云：

正閏皇統，是非人臣，汙隆淑慝之迹，紀傳既備；綜覈政體，經紀世道，治亂盛衰之故，志表宜詳焉。考諸漢土之史，有表書者創於司馬遷，而後世模倣，各以一代所重，爲之編次，則體例固不可執一而論也。況我天朝神聖肇基，光宅日出之邦，照臨宇內之表，其典章文物，夐出於三方之外乎。夫祭祀者政敎之所本，敬神尊祖，孝敬之義，達于天下，凡百制度，亦由是而立焉，天皇以天祖之遺體，世傳天業，羣臣以神明之冑裔，世亮天功，君之視民如赤子，民之視君如父母億兆一心，萬世不渝，莫不各献其力，以致忠誠，是海外諸蕃之所絕無者，故以神祇爲首。君傳天統，臣皆神胤，一氣貫通，上下和睦，而氏姓之法起焉。胙土命氏，以辨宗族，族必奉氏上，宗必祭祖神，以氏爲官，官有世功而賜之以姓，親疏有等，職官有品，故受之氏族職官。天神區畫八州，列聖經營國縣，辨方正位，以立民極，官之於氏，氏之於地，有不可離者而存焉，故受之以國郡。齋庭之穗，織殿之繭，教民耕織，旣利其用，又厚其生，以爲正之供，奉大嘗之祭，正德之教，賴以明焉，故受之以食貨。天叙天秩，各得其正，彝倫昭明，而物則粲然。自宮室衣冠，至宴饗歌舞，皆原於神世，以逮於民殷，故受之以禮樂。彝敎旣明，威武大振，大伴物部，各率其兵，攘寇賊詰姦宄，大則用兵，小則用刑，兵刑不分職，自古而爾，故受之以兵刑。及佛法之入，顚倒本末，毀損國體，災祥拘忌之說，又隨而蠱惑人心，要皆外方之異言，而非神國之所尙矣，故受之以陰陽佛事以終焉。

如此立完整體系，說明國家之運營，歷史之進展，中國正史無其例。

志首（神祇志前）冠以總序，述志全體之綱領，各志首有小序，示志所述事項厓略，中國正史亦大抵各志冠以小序，而無如大日本史之大序。大小序相輔，綱擧目張，爲大日本史特色之一。

大日本史志分量頗多，計百二十六卷，總量過全書三分之一，幾近全書之半。志分量之多如此，爲中國正史所無。蓋大日本史紀傳主於記人，志主於記事。前者以正大義名分，後者以示政治敎化財

賦之實。欲明治亂之所本，志頗爲重視，故求其詳盡，篇幅浩瀚，至與紀傳相埒，周一良氏以大日本史記述與中國正史者較謂

「中國正史中宋書唐書而外，樂志載樂器甚少，大日本史禮樂志中兼述樂器之制，兵制中兼述兵器國郡志述山川形勢及人文風習，皆中國史書所未遑注意，」（註五）此亦事實也。

4.表　修史始末元祿九年正月條，公命總裁曰，紀傳校讎之次，宜草年表（奉旨筆記），知義公在世中已決作表。但至正德中始略製作。至文化前後，大爲修正，見於修史復古紀略文化元年條。今大日本史表由以下五種而成

臣連二造表　公卿表　國郡司表　藏人檢非違使表　將軍屬僚表

臣連二造表分大臣、大連、臣、連，伴造表與國造、縣主、稻置、君、別、村主表。前者列擧神武天皇至皇極天皇中央大官，後者則依國別擧同期間之地方官。公卿表記太政大臣以下至參議要職之除罷，國郡司表記各國守並介椽目等，期間均自孝德帝至後小松帝。藏人檢非違使自嵯峨帝至後小松帝。逐年記此二職之任免。特爲此二職作表者，因在武家勃興以前，一時典朝廷機要，關於治亂非淺。將軍僚屬表記幕府執權評定衆等之任免，起高倉帝治承四年，即賴朝開幕府於鎌倉之年，迄後醍醐帝元弘三年北條氏亡，以上五種表分大化前後列擧，中央地方任要職者自朝廷正官外，並網羅武家僚屬。日

本自古由如何人等經邦濟國，略可明晰。

中國正史中有表者爲史記以下八史，他史皆缺，史記十表爲

三代世表　十二諸侯年表　六國表，秦楚之際月表　漢興以來諸侯年表　高祖功臣侯年表　惠景間侯者年表　建元以來侯者年表　建元以來王子侯者年表　漢興以來將相名臣年表

漢書八表爲

異姓諸候王表　諸候王表　高惠高后孝文功臣表，景武昭宣元成哀功臣表　外戚恩澤候表　百官公卿表　古今人表

新書唐四表爲

宰相表　方鎭表　宗室世系表　宰相世系表

宋史有宰輔、宗室世系二表，遼史有世表、皇子、公主等八表，金史有宗室交聘二表，元史有后妃、宗室世系、宰相等六表，明史有諸王、功臣、外戚、宰輔、七卿五表。大日本史編者參考此等，自不待論。其所本有史記之漢興以來將相名臣年表，漢書百官公卿表，新唐書及其他宰相宰輔表，但此等表僅及宰相及中央大官，而大日本史表則並及地方官。網羅中央地方，公家武家，合五表而形成一大職官表，乃大日本史編者之創意，亦適應日本國情考索之結果。

5.論贊　中國正史附簡評於列傳，史記冠以太史公曰，宋書冠以史臣曰；漢書稱爲贊，漢紀名曰論，三國志稱評，後漢書分揭論贊，散文曰論，律語曰贊。劉知幾以來史家通稱爲論贊。正史皆有論贊。惟元史缺。

大日本史紀傳，義公在世中，未附論贊，當時急於草成本文，論贊似未爲問題。及至綱條時，紀傳稿成，乃命安積澹泊作論贊，附各紀傳後，因而論贊與紀傳並傳於世。然至享和三年（一八〇三嘉慶八年），藩主治保欲刪論贊，使史臣討論，以爲「中國史有論贊，皆論勝國異代之得失，無妨極口是非。然吾天朝百王一姓，方今至尊垂拱，委政關東，君臣名分，嚴乎不亂。上世雖遠，均爲祖宗。論其得失，肆無忌憚，非事之宜。安知非負先公之意乎」高橋廣備贊之，謂「先公筆削大旨，務實不務華，據事直書，勸懲自見。安積雖老於史學，其作論贊在公薨後。以一人之胸臆，褒貶百世而託以先公，似恐誣公。不如依元史倒削之。」但史臣議論不一，未及確定。文化六年（一八〇九嘉慶十四年）藩主治紀納川口長孺議「文公（治保）再訂紀傳，或刪或補，改頭換面，何得以舊稿之論贊，附於今日之紀傳？」遂決消除。而論贊所力倡三大特筆之旨趣，神功皇后事述於本傳註文，大友天皇事，述於壬申功臣叙論，惟南北正閏之辨，揭贊於後小松紀末，此等經過，詳見修史復古紀略及史館事記。

紀傳論贊動陷浮華，易墮虛飾。，劉知幾史通著論戒此。水戶史官當曾參考元史史通。但非專從此議，乃以右述特殊理由而刪除論贊。

大日本史紀傳及志，本文間，以分註標出典，並揭考證，此乃大日本史之特色，頗堪注意，於次節述之。

三、編纂法與自註

水戶之大日本史編纂，始於史料蒐集。史料有著名史書如「六國史」，「東鑑」，有公卿日記社寺記錄及種種古文書。爲此等蒐集，義公及史臣等異常努力。大日本史編纂之淹歷歲年，此亦一因。又搜集重要史籍異本，互相對照勘驗文字記述之異同，當時稱爲參考。努力於古文書眞僞之鑑定，其副產物爲花押研究盛行，來歷不明之古書，亦與以嚴密鑑定。要之修史之準備事業，前此自不待論，即此後直至明治時代修史局成立止，亦爲無與倫比之周密學術化。所謂參考者，類於中國之校勘。中國校勘之學，盛於乾隆以後，康熙中期，即義公於元祿初校訂古事記日本紀等書時，中國校勘學方在萌芽，故未影響及日本，水戶之史籍校訂，非倣清朝史家之校勘，乃獨立興起者。

爲編纂歷史，採用公私種種資料，中國自昔行之。中國官府修史事業發達，唐宋以後，特置史館從事實錄國史等編修。後代據前代實錄，成書較易。宋金元史以短歲月告成者以此。然日本古無紀傳體史，實錄體之史僅有六國史與東鑑，且前後約四百年間，缺乏此種文獻。故以右二種書爲基礎，完成紀傳表志中國正史體之歷史，非常困難。與中國之正史編纂，不可同日而語。水戶史家克服此種困難，依學術方法，新成一紀傳體鉅著，其方法大體乃獨自開拓，而非襲中國史家。

唐以後正史，大率以前朝國史實錄爲底本，增損修正。但司馬光之資治通鑑，則爲依歷代正史及多數公私記錄新成之編年史稿。大日本史之編纂，無寧謂類於資治通鑑。通鑑編者初作叢目，爲內容目錄，殆即以應記事項，依年代排比，有類年表者歟。次依叢目爲各事項之詳密記事，稱爲長編。就長編審愼取捨刪定，成爲較簡潔之本文，此見於續資治通鑑長編著者李燾上奏文，文獻通考亦記之。水戶史家自所熟知。但水戶全未見作叢目或長編之形迹。

天和三年所謂舊紀傳一百四卷完成時，修史始末（卷上）此年十一月五日條有云：

公謂元常宗淳曰，凡館本諸書，可采用於紀傳者，宜加朱勾圈點，標書上方，一依介三郎所請。

（下略）此條終附著者藤田一正按文云

一正按舊紀傳不註出典，至是更令參考諸書，以加校正。因斷簡破牘之餘，纂散絕殘脫之言，務在摭實袪華，而不得聘文弄辭云。

又翌年（貞享元年）四月三日條有云

公謂宗淳元常曰，紀傳據日本紀，古事記，舊事記等爲文者，不須註出典，其旁采雜說，宜注其

考據書名。（奉旨筆記）

依此考之，所謂舊記傳者記述簡略，所用資料不多，從而處理似未定特別規則。舊紀傳暫告完成，更蒐資料以謀增補擴充，因令於史書採用部分，加朱勾圈點，且標書欄外，同時定依此等資料所作漢文本文間，註明所據原書名。朱勾圈點及標書，乃史臣依以起草本文，又抄出以便參考者。註明出典，乃爲便史臣起草終後對照原書，推敲文字，或他人閱校查核時彼此參照者。此二事相須，不外爲期記述完善之重要手段。修史始末寬政元年條云：

冬召瞽保己一（塙檢校）校日本史，保己一爲人强記，能誦皇朝古書，旁通典故，每聽人讀記傳，凡其事乖謬，年月錯誤，皆能歷歷言之。遂建議云，凡各條所註出典，宜悉就原書以質其異同出入，衆初難之，然黽勉從之。其後所賴以訂正者頗多。

此爲大規模之再檢討，而先此數度部分之檢覈，均發揮註明出典之效果。如此註記出典，本爲圖記述之正確。若僅爲此，則脫稿後無妨削除。其註記傳至後世者何故乎？不外與後世學者檢討之栞，示研究之途徑而已。此亦似出義公之卓見。

中國正史編年史一一註出典者全無。南宋李燾之續資治通鑑長編，間以分註揭其所據，時或列數種文獻，而辨其是非。李心傳之建炎以來繫年要錄略同此法。續資治通鑑長編爲長編而編纂，繫年要錄亦似以長編自任，因而此二書試註本文中所傳之異同。若非長編，恐不及爲此。且此二書於清初殆已亡佚，嗣自永樂大典中輯出，復行於世。大日本史紀傳編纂時，顯尙未傳至我國。故水戶史家註出典，決非參考此等書，乃由苦心編纂之體驗中，創意爲之，由上述可知。如由中國史法言之，行文中挿入出典，或不免煩蕪猥雜之譏。水戶史家非不知此，而毅然採此形式，殆由義公「寧繁勿失簡，寧質勿過文」，(註六)尙質實之精神歟？

大日本史之編者，非惟擧出典，其所傳有異同，若遇謬誤或有疑問時，仍以自註辨析考證，務明是非。其文短者數行，長者至二三十行。本文中挿入考證，亦中國正史所無。他種史書長編體亦僅一二見。但司馬光編集資治通鑑時辨舊史異同，爲考異一書，與通鑑共奏上。元初胡三省撰通鑑音註時爲便利讀者，將考異之文，分章割裂，散入本文中。此後通鑑考異，遂成爲通鑑自註形式，義公及水戶史家，似極重通鑑。修史始末(卷下)元文元年條引安積澹泊文云：

蓋日本史參用實錄及資治通鑑之體。故參覈諸書。甄別異同，則似溫公考異。此義公之雅量，而所望乎後之良史也。夫史非無誤謬，能正其誤爲得，譬如唐代宗時，行營節度使馬璘卒，有能引弓重二百四十斤者，舊書作能引二十四弓，於理不通。故溫公從段公別傳，而不取舊書。至於他事，則不取新書而從舊書者甚多。可見古人用心之公且大也。僕嘗咫尺燕褻，屢承義公之旨。至修史義例，亦與其議。距今四十年，恍如隔世。云云。

由學出典進一步，自當至考覈異同。至其決定，則通鑑考異之暗示，殆至有力。但義公所望後之良史者，恐不僅考證，乃並指註出典。蓋期待後世史家再檢討大日本史之記述，訂其誤補其不備耳。非惟本文中挿入考證，由通鑑考異之暗示，即考證本身似亦不少師法考異。余本欲以通鑑考異之考證法與大日本史之考證，詳爲比較，限於時間，姑俟異日。

四、三大特筆

關於皇位重大問題，從來誤解，由大日本史核正者有三事。所謂三大特筆，即神功皇后，大友天皇，及南北朝是。下試一檢討三大特筆與中國思想及中國史學之關係。

相傳神功皇后聽政期間頗長。後世譜例牒如「尊卑分脈」「皇胤紹運錄」之類，「並神皇正統記」等，均認爲后曾即天皇位，計爲一代。然如上述，大日本史入神功皇后於后妃傳，其關於軍國措施分載於仲哀天皇紀及應神天皇紀，始終視爲皇后，而不以爲一代。其理由註於皇妃傳云；

仲哀之崩，天下無主。皇后奉遺腹以號令四海，稱爲胎中之帝。然應神既生，宜立爲天子，而立爲太子，名實不正，皇后疑於即眞矣。後世徒見其迹，遂列皇統世次，大失舊史之旨。古事記歷敘帝王治天下，直以應神接仲哀之後。不數皇后。至於日本紀則特書曰攝政元年，其義亦嚴矣。且女主卽眞，如推古持統皆稱天皇，而皇后其後議定追謚亦曰神功皇后，不奉天皇之號。由是觀之，其不宜列于帝紀審矣。

大日本史編者據最可據之古事記，日本紀記述，以皇后未卽天位，故不當立本紀。卽皇后未爲天皇，不外爲由客觀考證而生之結論。

大友皇子爲天皇之理由，見於壬申功臣傳序。但已削除之大友本紀論贊所述，較此尤爲明快，錄之如次；

是是非非，天下之公論也，至壬申之事，則舉世莫能辨是非。大友之鴻業，鬱而不暢，隱而不彰，可勝歎哉。天智臨崩，託後事於皇弟，而皇弟不受，剃髮，遁于吉野，其志固不可測也。陵土未乾，輒動干戈。世徒以成敗論之，故是非混淆而順逆倒置。亦由舊史不以大友係統，而以天武接緒，故致此紛紜耳。然天武之於舍人親王君父也，不能直筆書之。凡所書機務政令，非帝而出於誰歟。其書近江朝廷，豈非欲蓋而章之謂乎。觀者就而釋之，則其是非曲直，自不能掩。今不敢以私意斷之，一徵舊史之成文，立爲本紀。抑亦從天下之公論也。云云。

史書編者深寄同情於大友皇子，自不待論。但以爲天皇者如所云，非斷以私意，乃依舊史成文，卽日本紀之記述，以明事之眞相。要之神功爲皇后，大友爲天皇，非由感情或特殊之主義主張，產生之批判，不能不謂爲本於客觀徵驗，以明事實而彰名分。杜預春秋左氏傳序云「直書其事，具文見意。」朱子語類大全(卷八三)春秋部云「孔子但據實直書，而善惡自著。」綱條大日本史序亦云，「綱條在膝下，每聞其言曰，史者所以記事也，據事直書，勸懲自見，」可見光圀之言，自係本於左傳序或朱子語類。大日本史對神功皇后及大友天皇之書法，爲據實直書，以徵名分。此殆亦可認爲有法於中國史學思想之優處者。

大日本史立後醍醐天皇以下南朝四代本紀，於南北合一之年，即明德三年，起後小松天皇本紀，而光嚴帝以下北朝五代事，附載於後小松天皇本紀首。是明示南朝爲正統。編者舉南朝爲正統之理由如次；

> 皇統之判爲南北，猶元魏之分爲東西乎？曰非也。孝武孝靜皆出於孝文，固無所輕重，唯視名分所在爲正耳。孝武爲高歡所逐，而孝靜爲其所立，則正統之在西，從可知也。皇統之出後嵯峨，亦無所輕重。唯視神器所在爲正耳。光嚴光明皆爲叛臣所立，非無神器，而所傳非眞，則不得謂之有焉。然神器之輕重，係人心向背。人心歸則神器重，人心離則神器輕。天人惟一，道器不二，固非閏孽亂賊之所得而覬覦者。則皇統所屬，不待辨而明矣。明德中，帝受神器于後龜山帝，於是乎皇統合而爲一，聖緒傳於悠久。彼文晉六茹亦有所謂傳國受命璽，而異姓呑噬，父子戕賊，

豈可與皇統綿邈亘千萬世，不可動搖者同日而語哉。然則神器之爲靈物，自有所歸矣，嗚呼盛矣哉，（後小松紀贊）

南北朝均爲皇統，於此點無所輕重。南朝爲眞神器所在，其爲正統，不待論而明。但觀其謂「唯視神器所在爲正耳」「道器不二」「神器之爲靈物，自有所歸矣」云云，贊以神器所在爲正統者，蓋相信神器必於名分正處，神器非僅視爲物質，謂爲神器與義理並重，似亦無不可，水戶初期史臣中，相傳栗山潛鋒專以神器之存否。係正統之標準。三宅觀瀾則側重義理。故觀瀾之中興鑑言正統條云，「其器之所臨，實在其統之當續者，而愛及南北混一，器歸統正，萬萬世下不復容姦臣賊子朶頤其間焉。神之德昭哉，可不畏哉！」此與後小松紀贊「神器之爲靈物」云云旨趣皆同。水戶史臣之正統論，細節雖有異同，而歸趣可謂如一。

右贊又謂「然神器之輕重，係人心之向背。人心歸則神器重，人心離則神器輕。天人惟一，道器不二云云，」以神器之輕重，附於人心之向背，似使讀者不無疑慮。但長慶天皇紀贊云；

長慶後龜山二帝，承先皇之餘烈，偏安吉野，朝儀禮典，大率廢缺不能行，而猶能鼓舞士氣，號令四方二十餘年，雖運移祚衰，而蹈義狥節之徒，之死靡二。神器所在，其可以維持人心，乃能如此。

與上文意義異同。神器與義理一致，則知大義者爭來擁護神器，故以下謂「道器不二」歟。

大日本史後醍醐天皇本紀元弘三年條云：

「春正月天皇在隱岐」

天皇於前年遷隱岐，此年六月還京都。北條高時於元弘元年九月立光嚴帝，後醍醐天皇流竄中，京都別立一主，故大日本史書「天皇在隱岐。」非惟明天皇之所在，且示京都之君爲閏位而非正統，明正統之君爲隱岐之後醍醐天皇。其書法本於中國古典。魯昭公二十五年爲季氏所逐，奔齊，嗣居魯邑鄆，更遠走晉邑乾侯。三十年至三十二年續留乾侯，遂薨其地。春秋於此三年首，均書

「春王正月公在乾侯」

此雖有種種解釋，要以爲昭公被逐去國，流離異邦，猶認爲魯君。朱熹之通鑑綱目倣此，記唐中宗爲武后所廢流均州房州時，每年記

「春正月帝在房州」

大日本史以後醍醐天皇爲正統，雖出獨立批判，「天皇在隱岐」之書法，不能不謂本於春秋及通鑑綱目

修史始末天和年八月條，引安積澹泊手簡云：

五十年前，僕始入史館，時人見又在爲總裁。出所謂紀傳者以示僕。北朝五主，降爲列傳。足利之黨，悉書賊。當時受讀，漫然不省其可否。後一二年，稍有所見。竊謂設如異邦革命之世，修前代之史，其書法或然，今皇朝一姓相承，嚮之所謂南北兩宗，鈞之天祖之胤，而所謂北朝五主，即今天子之祖宗也，豈可降爲列傳乎？然後生晚輩，口欲言而嚅嚅，嘗與佐佐介三善竊語以此意。及介三與吉弘左介爲總裁，僕亦與議定修史義例，侃侃建言，遂得帶書後小松紀首。（元文元年答打越樸齊手簡）

據此則初編北朝五帝於列傳，足利黨悉書賊，後以安積等建議，改附北朝五帝於後小松紀首。其理由以我國皇統一系，北朝君亦天祖之胤，爲今天子之祖，與中國革命國之史筆，自應有異。足利黨書法改否。不見於右手簡，今大日本史南朝四帝紀，於彼等均不稱賊，殆改北朝五帝書法時，一併改削。此約亦恐累及北朝宮廷之故。

江戶時代初，漢學勃興，春秋、通鑑綱目流行，其名分論刺激人心，似亦南朝正統說起因之一。元祿享保中，論南北朝問題書，如佐藤直方之「楠正行筆記」，跡部良顯之「南山編年錄」，天野遠景之「續神皇正統記」等，皆引用此二書。水戶史家自曾參照。大日本史中有做此筆法之記述，已如上文。此外唐宋間喧囂一時之三國南北朝五代正閏論，亦似極爲研究。但當時我國學者悟彼我國體國情之不同，知彼之正閏論，不適用於我南北朝。大日本史編者更深明之。彼等雖參考春秋綱目正史編年史等，而於南北正閏之斷，則非襲彼等，而基於國體自覺之獨自思考。中國思想書法，不過用爲修飾之具。編者雖重大義名分，同時亦避過於嚴峻，務取適應實情之穩健書法。上引安積澹泊手簡表現無遺。此點大日本史可謂近於資治通鑑，而遠於通鑑綱目。

五、中國之正統論

王朝分正閏說，中國盛於日本。正閏之語，主用於唐宋之際，而其思想頗古。秦漢之際，以各王朝應五行之德，故王朝依五行相勝之順序，興亡交迭之說盛行。漢文帝時，張蒼釋周爲火德，秦爲金德，漢爲水德，五行相勝，序爲土木金火水，水德之漢乃繼周而非繼秦。金德之秦違五行順序出現，因以速亡。此實爲正閏論之始。西漢末劉歆以王朝交迭，依五行相生，卽木火土金水之序，周爲木德漢爲火德，伯而非眞王。後漢亡，三國鼎立，各自以爲正，及晉陳壽著三國志，以魏爲正統，習鑿鼎之漢晉春秋以蜀爲正統，以蜀爲正統者，因爲漢景帝中山靖王勝之後。晉受魏禪，統一海內。未幾五胡大亂，元帝南遷，繼爲南北朝對立，南有宋齊梁陳四朝興亡，北則後魏東西魏北周出現。隋受周禪海內統一，而傳至唐。南北朝時南謂北爲索虜，北謂南爲島夷，各自以爲正，而以他爲僭僞。唐承北朝系統，普通以北朝目爲正統。北朝後魏分東西，北齊北周承之。故唐人以西魏北周爲正，東魏北齊爲閏。上溯至三國，則以魏爲正。魏傳晉，晉傳魏，以至唐。唐亡梁代之。後唐代梁。後唐與梁爲世仇，深惡之，以爲僞朝，稱直承唐室。後晉以下至宋承其說。試觀宋眞宗景德中所成册府元龜帝王部，(註七)以周漢魏晉後魏(包西魏)北周隋唐後唐晉漢周爲正系，閏位部則列秦蜀吳宋齊梁陳東魏梁。(註八)當時非無以南朝爲正統之說，但普通流行者，爲北朝正統觀。

五德說魏晉以後仍流行。魏繼漢，故自以爲土德。晉則金德。南朝宋齊梁陳承晉，故各以水木火土德自擬。北朝後魏初稱黃帝後，爲土德，孝文帝時更議，高閭主晉金趙水燕木秦火，至後魏爲土德。穆亮以爲後魏承晉，應爲水德，帝從後說，因而後周木隋火唐土晉金漢水周木而宋爲火德。(註九)魏晉以後人似非信五德之說眞實，但自漢以來風習，以爲正統之徵驗，從而隋後五德之運，多通計北朝。南朝四代則除外。

宋代有對從來之正統論懷疑者，歐陽修卽其人。著「正統論」七篇，縱論其事。(註十)其疑舊說之點，大體如次：(註十一)

1. 秦得天下於周，統一之，其迹與禹湯無異，然論者黜之。

2. 魏僅得漢天下三分之一，而以爲正統。

3.梁（五代）取唐天下與魏晉無異，然以爲僞。
4.後唐非李氏，又未嘗統一天下，而以爲正統
5.東晉承西晉則無終，周隋承後魏則無始，均不通之論

彼論正統之意義（註十二）以爲「居天下之正，合天下爲一、」故堯，舜，三代，秦，漢，晉，唐，爲正統，東周，魏，五代「天下雖不一，而得居其正，故亦可稱正統。」隋「雖始不得其正，卒合天下爲一，亦可謂正統。」其餘「天下大亂，其上無君，僭竊並起，」即東晉南北朝等正統無所屬時。彼謂「凡正統論者，皆欲其承而不絕，」而正統論之動機，則謂「正統萬世之公器，有得之者，有不得之者。」明正統有時中絕之當然。歐陽修雖指摘一般正統論之弱點，然其所謂，「正統」與，「可謂正統」之區別極爲曖昧，不足使人心折。

對正統論加以冷靜批評者爲司馬光，彼於資治通鑑（註十三）魏文帝黃初二年劉備即帝位條論曰：

臣光曰，天生烝民，其勢不能自治，必相與戴君以治之，苟能禁暴除害，以保全其生，賞善罰惡使不致於亂，斯可謂之君矣。是以三代之前，海內諸侯，何啻萬國。有民人社稷者通謂之君，合萬國而君之。立法度班號令、而天下莫敢違者乃謂之王。王德既衰，彊大之國，能帥諸侯以尊天子者，則謂之霸，故自古天下無道，諸侯力爭，或曠世無王者，固亦多矣。秦焚書坑儒，漢興學

者始推五德生勝，以秦爲閏位，在木火之間，霸而不王，於是正統之論興矣。及漢室顛覆，三國鼎峙，晉氏失馭，五胡雲擾。宋魏以降，南北分治，各有國史，互相排黜。南謂北爲索虜，北謂南爲島夷。朱氏代唐，四方幅裂。朱邪入汴，比之窮新。運曆年紀，皆棄而不數，此皆私己之偏辭，非大公之通論也。臣愚誠不足以識前代之正閏。竊以爲苟不能使九州合爲一統，皆有天子之名，而無其實者也。雖華夷仁暴，大小強弱或時不同，要皆與古之列國無異，豈得獨尊獎一國謂之正統，而其餘皆爲僭僞哉。若以自上相授受者爲正，則陳氏何所受，拓跋氏何所受？若以居中夏爲正邪，則劉石慕容苻姚赫連所得之土，皆五帝三王之舊都也。若以有道德者爲正邪則蕞爾之國，必有令主，三代之季，豈無僻王。是以正閏之論，自古及今，未有能通其義，確然使人不可移奪者也。臣今所述，止欲敍國家之興衰，著生民之休戚，使觀者自擇其善惡得失，以爲勸戒，非若春秋立褒貶之法，撥亂世反諸正也，正閏之際，非所敢知。但據其功業之實而言之，周秦漢晉隋皆嘗混壹九州，傳祚於後，子孫雖微弱播遷，猶承祖宗之業，有紹復之望，四方與之爭衡者，皆其故臣也，故全用天子之制以臨之。其餘地醜德齊，莫能相壹，名號不異，本非君臣皆以列國處之，彼此均敵，無所抑揚，庶幾不誣事實，近於至公。然天下離析之際，不可無歲時月日以識事之先後，據漢傳於魏而晉受之，晉傳於宋以至陳而隋取之，唐傳於梁以至於周，而大宋承之。故不得不取魏宋齊梁陳後唐後晉後周年號以紀諸國之事，非尊此而卑彼，有正閏之辨也昭烈之於漢，雖云中山靖王之後，而族屬疏遠，不能紀其世數名位。亦猶宋高祖稱楚元王後，南唐烈祖稱吳王恪後，是非難辨，故不敢以光武及晉元帝爲比，使得紹漢氏之遺統也。

此論要旨，以統一海內傳祚子孫爲眞天子，其餘據一方以稱大號者，無論以任何標準，均不能分正閏因而立各代一貫之正統系列至難。從來之正閏論，皆自私偏頗之見，無一確然不可移奪者。個人惟敘國之興衰，生民之休戚，使觀者自擇其善惡得失以爲勸戒。是正閏之說，乃不切事實之議論，殆可謂學術上不能成立者。

朱子之正統觀，見於資治通鑑綱目凡例，彼分古來之國爲八種，「正統，」「列國，」「簒賊，」「建國，」「僭國，」「無統，」「不成君，」「遠方小國，」是。周秦漢（包蜀）晉隋唐爲正統，正統所封之國即周之秦晉齊楚等國，及漢之諸侯王爲列國。簒位干統而不傳世者，即漢之呂后王莽，唐之武后之類爲簒賊。（隗囂公孫述安史之屬不得入此例）仗義自王或相王，如戰國之秦楚趙齊燕魏韓爲建國，乘亂簒位或據土如，三國之魏吳，晉之漢趙諸燕二魏二秦等爲僭國。仗義承統而不能成功，如劉玄爲不成君。而周亡秦興間，秦楚燕魏韓趙代八國對立，二十四年，楚漢相爭四年，蜀漢晉間十六年，晉隋間即南北朝百七十年，隋唐間五年，五代五十三年均爲無統。此種區別爲通鑑綱目立記事法則而定。各王朝，獨立國諸侯以其區別爲異而異其書法，故非單純之正統論。但以正統論觀之，則自古歷史由正統與無統時代而成，正統王朝六，其間無統時代介入者六次。朱子之無統時代，似歐陽修之正統絶時代，而史上之出現尤多。朱子歐陽修司馬光等均未論及五德運行，因當時學者已知此說之無稽。

正統有就縱之關係，即前後王朝論者，有就橫之關係，即同時存在二或二以上王朝論者。總此兩種情勢，決定是否正統之標準，先論統一，次考血統，此二標準間，已有矛盾。何以故，統一王朝之後未必爲中國全土之主，而偏安一方者有之，例如東晉是。唐宋間多視東晉爲晉王朝之繼續，但與晉分離，置以閏位者亦有之。中國乃革命之國，以血統爲標準，除極少場合外，不能適用，於是欲以授受關係代之，唐皇甫湜謂「王者必大一統，明所授，」(註十四)歐陽修正統論亦謂，「私後魏者曰統必有所授，則正其統。」(註十五)此所謂所授，主指魏受漢禪，晉受魏禪，此借禪讓之名行以篡奪之實，故無倫理意義。又領有中土之地亦爲標準之一，册府元龜等以此爲魏爲正統之理由。但司馬光通鑑已指摘其不適當。要之除統一全國之王朝殆無問題外(疑秦爲正統爲例外)，而國土分裂，數王朝對立時。決定正閏之標準，殆不存在。因而列古今一貫之正統王朝，殊爲困難，事實如此，而長時間研討不止者何故歟？蓋本於超越王朝之革命興亡，欲維持中國國家之統一存續，主張已王朝正當性之國家民族欲求。歐陽修正統論之動機謂，「欲其相承不絕，」蓋不外指此事。故正統論之發生，有頗可同情之理由。然求一貫正統於中國歷史之困難，已如上述。故至宋代，「正統絕」「無統」之說起。又如司馬光則全捨此，惟就眞實史實，以尋繹政治上道德上之教訓。宋人說均大體合理。然如從之，則超王朝興亡求國家統一存續正統論之根本欲求，全然無以相酬。

中國正統論，由國家革命分裂之屢起而生。皇統一系，無革命之日本，自無正統論發生餘地。惟一度以姦臣之謀，皇統分爲二，同時遂有正統論之必要，卽南北朝是。日本之南北朝與中國性質全異。中國之南北朝不能確分正閏，而日本南北朝則以神器及大義名分得明定正統。「神皇正統記」「大日本史」雖借用中國正統正閏之成語，而所謂正統意義，正閏標準，則爲日本之特殊思想，殆可謂未受中國正統論之影響云。

（註一）周一良「大日本史之史學」見燕京大學史學年報第二卷第二期

（註二）文見「澹泊齋文集」卷一

（註三）周一良氏「大日本史之史學」

（註四）（註五）同

（註六）修建始末元文元年冬條「覺述檢閱議曰（中略）義公每戒史臣曰寧繁勿失簡，寧質勿失文。」

（註七）冊府元龜卷一帝王部總序

（註八）冊府元龜卷一八二閏位部總序

（註九）冊府元龜卷一及卷一八二

（註十）正統論七篇，見歐陽文忠全集卷五九

（註十一）見原正統論

（註十二）見歐著「明正統論」

（註十三）資治通鑑卷六十九

（註十四）唐文粹卷三十四皇甫湜「東晉元魏正閏論」

（註十五）歐陽修「原正統論」